História &
História Cultural

HISTÓRIA & ... REFLEXÕES

Sandra Jatahy Pesavento

História &
História Cultural

3ª edição
1ª reimpressão

autêntica

Copyright © 2003 Sandra Jatahy Pesavento

Todos os direitos reservados pela Autêntica Editora. Nenhuma parte desta publicação poderá ser reproduzida, seja por meios mecânicos, eletrônicos, seja via cópia xerográfica, sem a autorização prévia da Editora.

COORDENADORES DA COLEÇÃO
Eduardo França Paiva
Carla Maria Junho Anastasia

EDITORA RESPONSÁVEL
Rejane Dias

PROJETO GRÁFICO DA CAPA
Jairo Alvarenga Fonseca
(Imagem: Clio, Euterpe et Thalie, séc. XVII, Coleção de Louis XVI, Louvre)

REVISÃO
Ana Elisa Ribeiro

DIAGRAMAÇÃO
Waldênia Alvarenga Santos Ataíde

    Pesavento, Sandra Jatahy
P472h   História & História Cultural / Sandra Jatahy Pesavento –
    3. ed.; 1. reimp. – Belo Horizonte: Autêntica Editora, 2014.

    132p. (Coleção História &... Reflexões, 5)
    ISBN 978-85-7526-078-4

    1. Cultura-história. I. Título. II. Série.
                                                CDU 008(091)

Belo Horizonte
Rua Aimorés, 981, 8° andar . Funcionários
30140-071 . Belo Horizonte . MG
Tel.: (55 31) 3214 5700

Televendas: 0800 283 13 22
www.grupoautentica.com.br

São Paulo
Av. Paulista, 2.073, Conjunto Nacional,
Horsa I . 23° andar, Conj. 2301 . Cerqueira
César . 01311-940 . São Paulo . SP
Tel.: (55 11) 3034 4468

SUMÁRIO

CAPÍTULO I
Clio e a *grande virada* da História.............. 07

CAPÍTULO II
Precursores e redescobertas:
a arqueologia da História Cultural............... 19

CAPÍTULO III
Mudanças epistemológicas: a entrada em
cena de um novo olhar............................ 39

CAPÍTULO IV
Em busca de um método: as estratégias
do fazer História................................ 63

CAPÍTULO V
Correntes, campos temáticos e fontes:
uma aventura da História......................... 69

CAPÍTULO VI
Uma difusão mundial: a História sem fronteiras........ 99

CAPÍTULO VII
Os novos parceiros da História: nas
fronteiras do conhecimento......................107

CAPÍTULO VIII
Os riscos da empreitada: alerta geral............115

BIBLIOGRAFIA BÁSICA: PARA LER E CRITICAR...............121

CAPÍTULO I

Clio e a *grande virada* da História

No Monte Parnaso, morada das Musas, uma delas se destaca. Fisionomia serena, olhar franco, beleza incomparável. Nas mãos, o estilete da escrita, a trombeta da fama. Seu nome é Clio, a musa da História. Neste tempo sem tempo que é o tempo do mito, as musas, esses seres divinos, filhos de Zeus e de Mnemósine, a Memória, têm o dom de dar existência àquilo que cantam. E, no Monte Parnaso, cremos que Clio era uma filha dileta entre as Musas, pois partilhava com sua mãe o mesmo campo do passado e a mesma tarefa de fazer lembrar. Talvez, até, Clio superasse Mnemósine, uma vez que, com o estilete da escrita, fixava em narrativa aquilo que cantava e a trombeta da fama conferia notoriedade ao que celebrava.

No tempo dos homens, e não mais dos deuses, Clio foi eleita a rainha das ciências, confirmando seus atributos de registrar o passado e deter a autoridade da fala sobre fatos, homens e datas de um outro tempo, assinalando o que deve ser lembrado e celebrado.

Quais seriam hoje, neste novo milênio, os atributos e o perfil do Clio, a favorita das Musas? Cremos que, hoje, sua faceta mais recente e difundida seja aquela da chamada História Cultural.

A História Cultural corresponde, hoje, a cerca de 80% da produção historiográfica nacional, expressa não só nas publicações especializadas, sob a forma de livros e artigos científicos, como nas apresentações de trabalhos, em congressos e simpósios ou ainda nas dissertações e teses, defendidas e em andamento, nas universidades brasileiras.

Essa constatação, dada a partir dos anos 90 do último século no Brasil, marca uma verdadeira *virada* nos domínios de Clio...

As alterações ocorridas no âmbito da História, porém, datavam de bem antes, se levarmos em conta o panorama internacional. Podemos, talvez, situar os sintomas da mudança nos anos 1970 ou mesmo um pouco antes, com a crise de maio de 1968, com a guerra do Vietnã, a ascensão do feminismo, o surgimento da *New Left*, em termos de cultura, ou mesmo a derrocada dos sonhos de paz do mundo pós-guerra. Foi quando então se insinuou a hoje tão comentada crise dos paradigmas explicativos da realidade, ocasionando rupturas epistemológicas profundas que puseram em xeque os marcos conceituais dominantes na História.

De certa forma, podemos, por um lado, falar de um esgotamento de modelos e de um regime de verdades e de explicações globalizantes, com aspiração à totalidade, ou mesmo de um fim para as certezas normativas de análise da história,

Clio, musa da História e o Tempo, Francisco de Goya, século XIX.

até então assentes. Sistemas globais explicativos passaram a ser denunciados, pois a realidade parecia mesmo escapar a enquadramentos redutores, tal a complexidade instaurada no mundo pós-Segunda Guerra Mundial.

A dinâmica social se tornava mais complexa com a entrada em cena de novos grupos, portadores de novas questões e novos interesses. Os modelos correntes de análise não davam mais conta, diante da diversidade social, das novas modalidades de fazer política, das renovadas surpresas e estratégias da economia mundial e, sobretudo, da aparente *escapada* de determinadas instâncias da realidade – como a cultura, ou os meios de comunicação de massa – aos marcos racionais e de logicidade.

Por outro lado – e de forma contraditória com a acima citada complexificação do real –, a consolidação de determinados paradigmas havia conduzido até então a uma aparentemente confortável certeza: a de que tudo já estava predito, com o que se condenavam as explicações do real à fixidez dos modelos. Isso, em princípio, negava ao processo de construção do conhecimento sobre o mundo a aventura da descoberta. As respostas já estavam lá, pelas lógicas de explicação estabelecidas e consagradas, antes mesmo do trabalho de investigação ser iniciado. As hipóteses tornavam-se inócuas porque, de antemão, as explicações já estavam dadas e sabidas, inviabilizando, dessa forma, a pertinência da pergunta.

Mas que posturas eram, basicamente, as condenadas? Quais matrizes de interpretação foram aquelas denunciadas como não mais satisfatórias para explicar o real?

Em princípio, podemos dizer que foram duas as posições interpretativas da História criticadas: o marxismo e a corrente dos *Annales*. Há, contudo, que ter em vista que a crítica ou a contestação de certas posturas historiográficas presentes nessa mudança dos paradigmas das últimas décadas do século XX não representa uma ruptura completa com as matrizes originais. Ou seja, foi ainda de dentro da vertente neomarxista inglesa e da história francesa dos *Annales* que veio o impulso de renovação, resultando na abertura desta nova corrente historiográfica a que chamamos de História Cultural ou mesmo de Nova História Cultural.

É certo que havia ainda, no panorama da historiografia mundial, uma considerável vertente interpretativa da história que vinha desde o século XIX, como o historismo de Ranke, a chamar a atenção para as descontinuidades dos tempos históricos e que implicava a necessidade de buscar os sentidos de cada momento do passado, postura esta que foi transmudada em inúmeras variantes das histórias nacionais. Da mesma forma, o positivismo de Comte, com seus pressupostos normativos científicos, estabelecendo os critérios da verdade absoluta, contida na fonte documental, que falava por si mesma, encontrava um vasto campo de ação, tanto pela seriedade da pesquisa de fontes que proporcionava, quanto pela defesa do caráter da história como ciência.

Mas essas duas posturas, a rigor, já haviam sido condenadas no século XX tanto pelo marxismo quanto pela escola dos *Annales* e, portanto, a chamada crise dos paradigmas se deu mais com relação a uma certa falência ou inoperância dessas duas últimas concepções do que com relação às anteriores, entendidas como mais arcaicas.

A historiografia nacional brasileira, no momento em que a crise dos paradigmas chegou ao país, no final dos anos 1980, era até então dominada por uma postura marxista de entendimento da história. Desde os tempos pioneiros de utilização dos livros de Caio Prado Jr. ou Nelson Werneck Sodré no âmbito da academia, o materialismo histórico se propunha como a postura teórica que melhor dava conta da realidade brasileira, imersa, a partir de 1964 no autoritarismo de um regime militar que se estendeu até o lento processo de reabertura política dos anos 80. Suas vertentes de análise preferenciais eram aquelas da história econômica, analisando a formação do capitalismo no

Brasil, a transição da ordem escravocrata para a do trabalho livre e o surgimento do processo de industrialização. Por outro lado, realizava-se uma história dos movimentos sociais, em que, particularmente, eram estudados o proletariado industrial, com suas lutas de classes, bem como a formação do partido e do sindicato, todos esses estudos desembocando, nos anos 80, para uma análise das condições em que se davam a dominação e a resistência. No tocante à história política, eram privilegiados os trabalhos que discutiam a natureza do Estado e a formação dos partidos políticos no Brasil.

Em menor escala, ao longo dos anos 1980, a historiografia brasileira também se inspirava na tradição da escola dos *Annales*, apoiando-se em uma vertente econômico-social e balizada pelos marcos temporais da estrutura e da conjuntura, de inspiração braudeliana, que delimitavam a longa e a média duração. Essa orientação, contudo, apresentava-se mais difusa, diante do predomínio e do prestígio da postura marxista dentro da academia. O materialismo histórico não só era entendido como o mais adequado e completo para dar conta das realidades nacional e internacional, como também vinha armado de um aparato teórico definido e coerente, estabelecendo uma clara distância frente à postura dos *Annales*, que aparecia como carente de um referencial teórico preciso.

Paralelamente às vertentes marxista e da escola francesa dos *Annales*, as universidades do país abrigavam também um contingente significativo das formas mais antigas ou arcaicas de realizar a história, por meio de posturas, acima citadas, que se aproximavam do que se poderia chamar de positivistas e que se caracterizavam por uma visão segundo a qual a história era concebida como um processo contínuo, retilíneo, linear, causal, inteligível por um modo racional. Fica claro, contudo, que tais concepções historiográficas brasileiras não se autodenominavam positivistas, entendendo-se apenas como científicas.

Na virada dos anos 1980 para o decênio de 90, essas maneiras de fazer história passaram a ser questionadas no Brasil. No plano internacional, com a decantada crise dos paradigmas, foi a fundamentação teórica marxista que sofreu as mais duras críticas, condenação esta auxiliada pelo desempenho, mundial, dos regimes políticos embasados nessa postura nas décadas de 1950 a 80, acabando com o acontecimento emblemático da queda do muro de Berlin em novembro de 1989. Se alguns intelectuais marxistas haviam rompido com os partidos comunistas de seus países diante de certos fatos – como Edward P. Thompson, na Inglaterra, após a ocupação soviética da Hungria, em 56 –, as críticas se centravam, no plano teórico, sobre as simplificações decorrentes do esquema explicativo, entendido como *duro* nas suas aplicações ao real.

Criticavam-se, basicamente, a versão leninista e, posteriormente, estalinista da história, com seus corolários de postulados: o reducionismo econômico, o mecanicismo, o etapismo evolutivo. Denunciava-se um reducionismo das lógicas explicativas da realidade, atrelando a dita superestrutura às injunções da infraestrutura, ou ainda a interpretação classista do social, levando à compreensão do processo histórico como sendo uma sucessão de lutas de classe. Categorias até então assentes, como as do modo de produção, conduziam a interpretação da realidade, passando a segundo plano as especificidades históricas de cada contexto. Por outro lado, o conceito de ideologia foi considerado insuficiente para a análise do chamado "mundo das ideias", amarrado que estava às determinações da classe e do mecanismo da dominação e subordinação.

A fixação dos princípios do materialismo histórico em uma espécie de modelo, completo e fechado, para a análise da realidade, a sensação intelectual de que *tudo já estava explicado*, basicamente em termos de dominação e resistência, levaram muitos intelectuais, alguns deles marxistas, como o citado Thompson, a afastarem-se de uma matriz teórica muito rígida e a se voltarem para outras questões e temas, que demandavam também novos referenciais de análise.

Em outra ponta, as perspectivas globalizantes da escola dos *Annales*, particularmente com relação às ambições de uma história total, tal como a construída por Fernand Braudel, revelavam a sua pouca possibilidade de criar seguidores. Na sua recusa aos referenciais marxistas, os seguidores dos *Annales* repudiaram a análise classista e saíram em busca dos arquivos, em coleta sistemática de dados, que foram organizados sequencialmente, o que atraiu uma série de críticas. Houve quem denunciasse ser essa maneira de fazer História reduzida a uma narrativa sem capacidade de explicar os fenômenos.

A situação se revelava paradoxal, pois na sua criação, durante os anos 1930, a história dos *Annales* se propusera tanto como alternativa ao marxismo quanto como reação à história do acontecimento, ou ainda ao que se chamava de uma história-narrativa. A nova historiografia dos *Annales* inovara com as suas categorias de estrutura e conjuntura, conceitos identificadores da longa e da média duração e que passaram a operar como marcos explicativos para uma outra concepção dos marcos temporais na análise da história. Mesmo na sua crítica aos pressupostos marxistas, a história dos *Annales* privilegiava em sua análise os níveis econômico e social da realidade, relegando a cultura a uma terceira instância. Entretanto, após décadas de percurso, era acusada justamente de um vazio teórico e um reduzido poder explicativo.

Verificava-se, pois, uma crise dos paradigmas, uma descrença nas formas interpretativas do real, crise esta que se instalou no seio das ciências humanas. Registrava-se um declínio dos saberes científicos sobre os quais a disciplina fundamentara a sua posição até, praticamente, a década de 1970 do século XX.

Uma crise para a História? Um mal-estar nos domínios da Musa que, no século XIX, fora guindada ao trono de *rainha das ciências*? Mas o trono de Clio já sofrera abalos, pois no decorrer do século XX, e, particularmente, nas décadas de 60 e 70, a História não ocupava mais o lugar de destaque entre as ciências sociais, sobrepujada que fora pela Sociologia, a Ciência Política e também a Economia.

Aliás, eram esses os grandes parceiros da História dessa época, não exatamente como ciências auxiliares como ela os tivera no outro século, mas como interlocutoras que lhe davam o embasamento explicativo e teórico para colocar-se como ciência. A história juntava dados e os ordenava, as outras ciências interpretavam! Para fugir a essa posição de vazio teórico, só mesmo recorrendo a uma história marxista, com o seu modelo explicativo no qual, de antemão, já se sabiam as respostas. Nesse sentido, a História estava, literalmente, encurralada.

O perigo poderia vir, principalmente, do esgotamento do racionalismo, o que contestava o estatuto de ciência da História e fazia com que Clio arriscasse abdicar do seu tradicional atributo de enunciação da verdade.

Pensamos, todavia, que a tão discutida crise dos paradigmas do final do século deu novo alento aos domínios de Clio. Arriscamos mesmo dizer que ela empunhou, desde então, a trombeta da fama da sua imagem alegórica em seu próprio favor. A História está em alta, sim, e isso se deve, em grande parte, às suas novas tendências de abordagem do real passado.

Por vezes, se utiliza a expressão *Nova História Cultural*, a lembrar que antes teria havido uma velha, antiga ou tradicional História Cultural. Foram deixadas de lado concepções de viés marxista, que entendiam a cultura como integrante da superestrutura, como mero reflexo da infraestrutura, ou mesmo da cultura como manifestação superior do espírito humano e, portanto, como domínio das elites. Também foram deixadas para trás concepções que opunham a cultura erudita à cultura popular, esta ingenuamente concebida como reduto do autêntico. Longe vão também as assertivas herdeiras de uma concepção da *belle époque*, que entendia a literatura – e, por extensão, a cultura – como o *sorriso da sociedade*, como produção para o deleite e a pura fruição do espírito.

Se a História Cultural é chamada de Nova História Cultural, como o faz Lynn Hunt, é porque está dando a ver uma nova forma de a História trabalhar a cultura. Não se trata de fazer uma História do Pensamento ou de uma História Intelectual, ou ainda mesmo de pensar uma História da Cultura nos velhos moldes, a estudar as grandes correntes de ideias e seus nomes mais expressivos. Trata-se, antes de tudo, de pensar a cultura como um conjunto de significados partilhados e construídos pelos homens para explicar o mundo.

A cultura é ainda uma forma de expressão e tradução da realidade que se faz de forma simbólica, ou seja, admite-se que os sentidos conferidos às palavras, às coisas, às ações e aos atores sociais se apresentem de forma cifrada, portando já um significado e uma apreciação valorativa.

Aquelas concepções mais antigas foram agora substituídas por esta modalidade vencedora de entendimento da cultura, que ganhou espaço junto às universidades e à própria mídia. Sim, pois tanto em termos mundiais quanto no Brasil, assistimos a um fenômeno: nunca se escreveu nem se leu tanto sobre História e isso se deve, em grande parte, a essa aludida *virada* na área. O olhar de Clio mudou e voltou-se para outras questões e problemas, para outros campos e temas.

Foi, sem dúvida, um contexto histórico preciso e datado que produziu essa mudança que, em última análise, pode ser vista como um ajustamento da realidade do mundo às formulações explicativas do homem para dar conta do próprio mundo. A realidade tornou-se mais complexa e aquilo que foi uma questão decisiva para ser resolvida pelos historiadores há 30 anos não é mais o que move a colocação de perguntas diante do real.

Não mais a posse dos documentos ou a busca de verdades definitivas. Não mais uma era de certezas normativas, de leis e modelos a regerem o social. Uma era da dúvida, talvez, da suspeita, por certo, na qual tudo é posto em interrogação, pondo em causa a coerência do mundo. Tudo o que foi, um dia, contado de uma forma, pode vir a ser contado de outra. Tudo o que hoje acontece terá, no futuro, várias versões narrativas.

Mudou o mundo, mudou a história, mudaram os historiadores. Mudamos, sim, mas desde quando? Trata-se, aparentemente, de mais uma reescrita da História, pois a cada geração se revisam interpretações. Afinal, a História trabalha com a mudança no tempo, e pensar que isso não se dê no plano da escrita sobre o passado implicaria negar pressupostos.

A presença da História Cultural assinala, pois, uma reinvenção do passado, reinvenção esta que se constrói na nossa contemporaneidade, em que o conjunto das ciências humanas encontra seus pressupostos em discussão. Pode-se mesmo aventar que a História tenha sido uma das últimas ciências humanas a enfrentar essa revisão de pressupostos explicativos da realidade. Mas, quando realizou essa tarefa, produziu mais alarde e contestação. Mais críticas e ataques, de alas de órfãos ou ressentidos, que se julgam abandonados pela Musa, seduzida por uma nova moda.

Apesar desses ataques e acusações, houve uma nítida transformação da História. É possível traçar uma história dessa mudança na História, que assumiu a forma da História Cultural?

Para tanto, é preciso percorrer um caminho interrompido, aparentemente desconexo, e sobretudo perigoso, pois é sempre possível esquecer algumas ideias e seus autores, na busca dessas pistas que desembocaram na História Cultural de hoje. Temos consciência de que o que se chama hoje História Cultural envolve historiadores com posturas bem diversas, como Roger Chartier, Robert Darnton e Carlo Ginzburg. Se todos podem estar trabalhando sobre o que se considera a *instância cultural*, ou a produção de sentidos sobre o mundo construída pelos homens do passado, há diferenças sensíveis entre eles. Por exemplo, o conceito de representação é, formal e claramente assumido por todos? A resposta mais justa seria não. Entretanto, entendemos que, de uma forma geral, todos trabalham com a mesma ideia do resgate de sentidos conferidos ao mundo, e que se manifestam em palavras, discursos, imagens, coisas, práticas. Se estamos em busca de retraçar uma postura e uma intenção partilhada de traduzir o mundo a partir da cultura, é preciso descobrir os fios, tecer a trama geral deste modo de fazer História, prestar atenção em elementos recorrentes e, talvez, relevar as diferenças entre os autores, o que, sem dúvida, é um risco.

Assumimos esse risco.

CAPÍTULO II

Precursores e redescobertas: a arqueologia da História Cultural

No decorrer da primeira metade do século XIX, o espírito romântico produziu historiadores preocupados em escrever histórias nacionais, que fossem atrás da captura do espírito do povo, da alma das nações, que recuperassem os heróis com seus grandes feitos e que registrassem a saga da construção de cada Estado, a demonstrar que o germe da identidade nacional já estava presente naquele tempo das origens, com os pais fundadores. Entre esses historiadores, destaca-se o francês Jules Michelet.

Seria, no mínimo, leviandade afirmar que ele teria sido o precursor ou o pai ancestral desta corrente que veio a ser denominada, contemporaneamente, de História Cultural, ou ainda insinuar que esta última tendência se filie ao romantismo historiográfico. A época, os problemas, todo o contexto histórico eram totalmente outros. Mas Michelet seria invocado muitas vezes pelos novos historiadores da cultura, por certas posturas e *insights*, por certos temas e questões que trabalhou em suas obras.

O que chamou a atenção dos historiadores contemporâneos foi mais propriamente o esforço, levado a efeito por Michelet, de identificar um agente sem rosto – o povo, as massas – como personagem da história e como protagonista dos acontecimentos, além de ser detentor daquilo que seria o gérmen da nação. Mesmo que coloquemos os heróis – esses personagens sempre responsáveis pelos grandes atos de significação na História à parte –, há que dizer que o trabalho de Michelet se orienta a partir de um ator inusual e de imprecisa definição: o povo. Como historiador, Michelet tenta resgatar não um fato preciso, mas sentimentos e sensibilidades, componentes de uma alma nacional, a partir de pesquisa e uso de documentação original – as célebres fontes.

Ou seja, havia em Michelet toda uma nova postura de trabalhar a História, tal como se notabilizou também pela escolha de temas e personagens pouco convencionais para a época, como aqueles realizados sobre a mulher ou a feiticeira. Com isso, não estava a realizar a História daqueles que não tinham história, como descobre um novo ator sem rosto, que é o povo. Nesse sentido, Jules Michelet será considerado, particularmente pelos historiadores franceses, como uma espécie de ancestral, um historiador da cultura que portava uma nova sensibilidade para olhar o mundo, um precursor e um intelectual *avant la lettre,* sem seguidores imediatos, mas que muito tempo antes dos historiadores contemporâneos pensara temas e problemas pertinentes ao imaginário, considerando-os como uma forma de construção da realidade histórica. Como diria Baudelaire, o romantismo *estava na maneira de sentir*.

Na verdade, a descoberta dos sentimentos é uma invenção dos românticos, tal como essa busca do passado nacional e da escrita de uma história que revele as origens de um povo. Daí advém, inclusive, uma consciência de um modo de ser, de uma sensibilidade própria de uma comunidade que, descoberta pelos românticos e construída como história nacional, dá a ver o passado, explica o presente e prepara o futuro dos Estados Nacionais em solidificação.

Falamos, contudo, de *insights* e posturas, surgidas ao longo do tempo, sem linhagem direta, espécie de longo caminho, nem sempre sequente, com muitas lacunas, sem diálogo obrigatório entre aqueles que intuíam novas formas de pensar. Falamos, sobretudo, de uma espécie de genética de novas formas de pensar. São como que sintomas esparsos, ao longo do tempo, de posturas distintas que se foram insinuando, tais como as reflexões filosóficas de Hegel, a propósito de o pensamento fazer parte do real e com ele se confundir...

Há que ter em conta que tais indícios se manifestam em um mundo dominado pelo progressivo avanço das ciências que, desde o racionalismo cartesiano do século XVII, passando pelo Iluminismo para chegar ao cientificismo novecentista e ao materialismo do século XX, consolidava uma outra ordem: a da pureza e da racionalidade dos conceitos e da capacidade da ciência de produzir verdades sobre o mundo. Tal modo de conhecimento racional do mundo oferecia certezas, o que se colocava em contraste com uma certa indefinição ou fluidez de outras formas de apreensão do real, mais apoiadas nas sensibilidades e nos sentimentos.

O sono da razão produz monstros.
Francisco de Goya, Caprichos, século XIX.

Embora ainda pouco estudada, em geral, pelos historiadores, a vertente do culturalismo alemão, na senda aberta pelo pensamento de Kant e Hegel, é fundamental para o que chamamos de uma arqueologia da História Cultural.

Não seria demais lembrar, nesta linha de precursores, a figura de Jakob Burckhardt, com a sua obra publicada em 1860, *A civilização da Renascença na Itália*, onde apresentava uma História em que os acontecimentos se diluíam diante da exposição do clima de uma época, das formas de pensar, das mentalidades. Burckhardt dava a ver, nessa obra, como todos os aspectos da sociedade, inclusive o político, e mesmo os caracteres individuais, se manifestavam em termos culturais, especialmente na arte, pelo que rompia com os tradicionais esquemas cronológicos de sucessão linear no tempo.

O próprio Leopold Von Ranke, já antes assinalado, fora integrante da postura intelectual definida como *historismo*, segundo a qual se afirma a mutalidade da natureza humana, admitindo que tudo se transformava no tempo. Nesta medida, a História era dotada de uma certa imprevisibilidade, cabendo ao historiador encontrar os sentidos de cada momento, por meio da análise criteriosa dos documentos. Mesmo que Ranke, no seu empenho de afirmar um método científico para a História, eliminasse dela as representações, pretendendo atingir a verdade do acontecido, deve ser ressaltado que afirmava tanto a descontinuidade da História, as múltiplas temporalidades e a historicização dos significados, fazendo da História a ciência do único. Com suas ideias, Ranke se voltava contra a filosofia da História, negando que houvesse um fio condutor ou postulado imutável a conduzir os fatos ao longo do tempo.

Já Johann Gustav Droysen, definidamente um filósofo da História, opunha-se a Ranke, defendendo a busca de um sentido para a História, mas entendia que a realidade do passado era inatingível. Para tanto, o historiador se valia da ficção para construir a sua narrativa, compondo uma espécie de ilusão ou versão sobre o passado. Com tais afirmativas, Droysen punha em causa a objetividade pretendida por Ranke, mas cada qual, a seu modo, contribuía para que se instalassem rupturas e inflexões na maneira de pensar a escrita da História.

Por outro lado, Wilhelm Dilthey, historiador e filósofo da cultura, foi um instaurador da hermenêutica, ao postular a necessidade de vencer a distância temporal do passado. Ao historiador cabia compreender este *outro* no tempo, aprofundando a análise dos sentidos psicológicos das ações humanas e dos sentimentos. Face à defasagem temporal, o esforço de captar as expressões de vida do passado resultava em poucas certezas para o historiador.

Na virada do século XIX para o XX, outros sintomas de pensar o mundo, de uma forma bem diferente, chegavam de outros campos, fora dos domínios de Clio, mas que, muito mais adiante, iriam com a História se entrelaçar.

Sigmund Freud, com a descoberta do inconsciente e a introdução da Psicanálise revelou outras realidades, não radicadas na concretude dos fatos, mas na mente humana, dando a ver que pudesse existir, para os homens, um outro real, por vezes mais concreto que o outro real, consagrado na sua materialidade.

Particularmente, Freud conferia valor às imagens, que haviam sido eliminadas do campo intelectual por uma postura cientificista derivada do racionalismo cartesiano, continuada ao longo do Século das Luzes e reforçada ao longo do século XIX com sua tendência cientificista. A Psicanálise, com a sua procura dos sentidos mais ou menos velados que as imagens comportavam, abriu caminho para os estudos do simbólico e do inconsciente, além de revelar a importância do indivíduo. Mas, na sua época, a hermenêutica freudiana estava dissociada daquilo que se tinha por conta de uma História.

Por seu lado, Jung introduzia a ideia de estruturas arcaicas que presidiam a capacidade humana constitutiva de imagens, a que ele deu o nome de arquétipos. Formas dinâmicas, instauradoras do imaginário coletivo, os arquétipos funcionavam como permanências mentais socializadas e reatualizadas ao longo do tempo. Ou seja, surgia todo um pensamento centrado no universo simbólico, sem que, porém, fosse ainda apropriado pelos historiadores.

Em outra ponta, mas na mesma virada do século XIX para o século XX, Marcel Mauss e Émile Durkheim, nos domínios da Etnologia e da Antropologia, conferiram destaque às representações, com suas pesquisas sobre os povos primitivos contemporâneos. A introdução desse conceito-chave no âmbito das ciências humanas foi fundamental para a recuperação das dimensões da cultura realizadas nos anos 80 pelos historiadores, pela atenção que dava ao processo de construção mental da realidade, produtor de coesão social e de legitimidade a uma ordem instituída, por meio de ideias, imagens e práticas dotadas de significados que os homens elaboravam para si. Da mesma forma, Mauss e Durkheim foram, em certa medida, introdutores da aproximação do campo da história com o de uma Antropologia Cultural.

Nesse sentido, se formos falar de uma arqueologia da História Cultural, podemos dizer que a Antropologia Cultural, como um todo, já desde o início do século XX, também lidava com a incorporação da dimensão simbólica para a análise das formas de organização social, como uma forma de entendimento segundo a qual os homens elaboravam formas cifradas de representar o mundo, produzindo palavras e imagens que diziam e mostravam mais além do que aquilo que era expresso e mostrado nos registros materiais.

Ora, essa estratégia metodológica – a do resgate dos traços materiais – vinha justamente ao encontro daquilo que era atributo específico do ofício do historiador: o trato com as fontes, a pesquisa em arquivos. Atributo este, diga-se de passagem, que era responsável por, talvez, uma posição secundária da História no âmbito das Ciências Sociais ao longo do nascente século XX. Pois, quando chegaram os anos 1960 e 70, a vertente althusseriana não condenava o empirismo, com o que denunciava o caráter somente descritivo da ação dos historiadores?

Mas, ao longo do novo século, aconteceram ainda outras redescobertas, revelando precursores deste modo de pensar, surgindo como ensaios isolados, por vezes sem conexão entre si, mas que apontavam para outros caminhos. A rigor, a história, na sua *virada* dos paradigmas, iria se nutrir, em certa dose e medida, de todas essas pequenas trilhas e indícios para elaborar e assumir uma nova postura.

Mais adiante, e em outro contexto, Mikhail Bakhtin afirmava não serem palavras o que pronunciamos, mas verdades ou mentiras, coisas boas ou más, segundo o contexto e o significado.

Nos anos 1930, dois grandes intelectuais tiveram a ousadia da mudança no pensar, nos anos tão conturbados da emergência dos fascismos e da eclosão da guerra mundial. Walter Benjamin, na Alemanha, e Antonio Gramsci, na Itália, de dentro do pensamento marxista, trilharam outros caminhos de análise. Benjamin e Gramsci viveram na mesma época atormentada e repensaram suas matrizes de pensamento, mas não se conheceram.

Gramsci rompeu com o esquema marxista-leninista de interpretação ao propor uma outra concepção de entendimento do Estado, da cultura e dos intelectuais. Em certa medida, com a própria rigidez da análise classista da mudança social, mostrando a riqueza e a mobilidade dos grupos dentro do esquema de alianças que se realiza no âmbito da sociedade civil para a construção da hegemonia. Mas é no domínio da cultura, como conjunto de valores construídos, socializados, legitimados e operacionalizados a partir de um grupo específico – os intelectuais – que se abre uma janela para as instâncias da chamada superestrutura, libertando-as do amarramento que mantinham com a infraestrutura, em termos de determinação.

Já Walter Benjamin, unindo uma matriz judaica com o embasamento teórico do materialismo histórico, inova com um elenco conceitual preciso no terreno da História. Sua meta é realizar uma espécie de arqueologia da cultura no século XIX, e decifrar essas imagens que os homens construíram sobre a realidade. Trabalhando com as representações sociais de uma época, Walter Benjamin parte do conceito marxista do fetichismo da mercadoria para apresentá-la como fantasmagoria: imagens de desejo, ilusórias, que reapresentam o mundo, dizendo-o de uma outra forma, mostrando o que deve ser mostrado, travestindo a realidade e ocultando o que é possível ser ocultado.

Imagens dotadas do poder mágico de fazer crer, de parecerem verdade, de se substituírem ao real, de serem capazes de inverter as relações sociais, fazendo com que os homens vivam por e no mundo das representações. Na análise feita sobre as produções culturais da sociedade capitalista, Walter Benjamin conseguiu trabalhar com o imaginário social, mostrando que, para proceder à leitura de uma época, era preciso decifrar as suas representações. Benjamin teve a ousadia de tentar realizar uma arqueologia do imaginário de um século, dando a ver, pelas representações de uma cidade – Paris, a que chamou capital do século XIX – a sua própria época.

Mas houve também Gaston Bachelard, filósofo do imaginário, que, na década de 1940 ousou reconciliar a ciência com o sonho, entendendo que, no próprio momento da descoberta, da inovação tecnológica, está presente a potência criadora da imaginação.

No plano das artes, alguns pensadores, como Ernst H. Gombrich ou Erwin Panofsky, ensinaram, na primeira metade do século XX, a olhar as imagens pictóricas de uma outra forma, vendo nelas a vida, os valores, os sentimentos, as razões de um outro tempo. Não se tratava, contudo, de um entendimento da arte como reflexo do social, mas sim de entender o mundo cifrado da pintura, com os seus códigos e as mediações possíveis com a realidade fora da representação. Décadas se passaram, contudo, antes da redescoberta desses autores pelos historiadores.

Nos anos 1950, outro filósofo, Paul Ricœur, introduzia uma nova hermenêutica para pensar a história, acrescentando suas ideias a esse emaranhado de fios que iriam tecer uma nova postura. Principiava por se perguntar se a História, ou se aqueles acontecimentos que tiveram lugar um dia e que eram o campo de estudo do historiador, se prestaria à obtenção de um conhecimento verdadeiro, segundo as regras e os métodos de um pensamento objetivo e científico. Mais do que isso, mesmo que tivesse sua preocupação centrada em uma filosofia da história, Paul Ricœur discutia não só a possibilidade de obtenção da verdade, mas a própria existência de uma finalidade na história.

Tais indagações seriam prosseguidas pelo autor em obras posteriores, publicadas nos anos 1980 e das quais falaremos mais adiante, mas seu texto é tanto precursor quanto fundador de uma nova maneira de questionamento das bases da História como ciência. Por exemplo, é por meio da hermenêutica de Paul Ricœur que vêm a ser discutidos os distanciamentos e as aproximações entre as narrativas literária e histórica, pondo em causa as dimensões da verossimilhança e da veracidade dos discursos.

Um amplo debate sobre o estatuto do discurso historiográfico se abria quando, em 1967, Roland Barthes se indagava sobre os traços que poderiam distinguir a narrativa histórica da ficcional. A resposta que dava era que, a rigor, não havia grande distinção. Mas ainda se passariam alguns anos antes que os historiadores recolhessem para seu campo esses pensamentos, discutindo-os e posicionando-se sobre tais questões!

Falamos, pois, de uma gênese, de uma espécie de arqueologia de um campo, o da História Cultural. Algumas dessas ideias foram incorporadas, pouco a pouco, pelos historiadores, ao redescobrirem tais textos e autores. Progressivamente, tais autores foram sendo traduzidos no Brasil, desde o final da década de 1970, sendo, com isso, introduzidos em um meio intelectual que participava do processo de abertura política em curso no país. A rigor, eles – autores e textos – deram chaves de entendimento para uma nova história, por fora da ortodoxia teórica dominante, para melhor entender o processo em curso e, dessa forma, suas ideias participaram da chamada ruptura de paradigmas. Podemos mesmo dizer que, no meio dos historiadores brasileiros, a leitura e a apropriação de Gramsci e Benjamin chegou antes da de Freud ou Mauss e Durkheim, ou mesmo ainda muito antes da de Bachelard ou Ricœur.

Mas retornemos ao contexto internacional da História e ao seu mercado de ideias. Nos anos 1960 e 70, sintomas de mudança dos paradigmas se fizeram sentir de dentro do próprio campo dos historiadores. Uma nova história social passou a se desenvolver, tanto dentro do marxismo quanto fora dele, a partir da escola francesa dos *Annales*.

No meio intelectual marxista, um grupo anglo-saxão, notadamente inglês, passou a combater a ortodoxia dessa corrente de interpretação da história. Em especial, fizeram da *New Left Review* a porta-voz de suas ideias.

Entre esses chamados neomarxistas, a figura de Edward P. Thompson assumiu destaque, com sua postura crítica do materialismo histórico. Leitor de Gramsci e Luckács, Thompson ocupou lugar central dentro da corrente dos neomarxistas ingleses.

Centralizando a crítica tanto no que considerava uma postura positivista de análise do marxismo, denunciando o viés economicista e mecanicista de análise, quanto no que chamou de idealismo althusseriano, em que a teoria desconsiderava ou prescindia da realidade empírica, Edward Thompson introduziu inovações nos planos da teoria, do método, da temática e das fontes a serem utilizados pela história.

Mesmo mantendo uma análise classista, como seria de esperar dentro do marxismo, Thompson abandonou a clássica definição marxista-leninista, que identificava a classe pela posição ocupada junto aos meios de produção. Alargou o conceito, entendendo que a categoria deveria ser apreciada no seu fazer-se, no acontecer histórico, na sua experiência como classe. Cabia ao historiador surpreender os nexos entre pequenas alterações de hábitos, atitudes, palavras, ações, de atitudes que iam mudando ao longo do tempo. Com isso, Thompson resgatava para o historiador a dimensão do empírico: a pesquisa de arquivo era indispensável, e nesse ponto se abriam não só novos enfoques temáticos como nova documentação. O fazer-se de uma classe implicava observar modos de vida e valores, implicava entrar nos caminhos da construção de uma cultura de classe.

O carro de terceira classe. Honoré Daumier, século XIX.

O historiador passava a explorar, assim, os chamados silêncios de Marx, nos domínios do político, dos ritos, das crenças, dos hábitos. Para surpreender essas mudanças, do cotidiano da vida e do trabalho, era preciso encarar novas fontes: jornais, processos criminais, registros policiais, festas, etc. Uma grande virada no marxismo, sem dúvida, ainda mais se considerarmos que Thompson denunciava a predeterminação dos níveis, alegando que, em cada contexto, era preciso surpreender os nexos entre os diferentes traços do comportamento da classe.

Ainda dentro da vertente neomarxista, Georges Rudé viria contribuir com análises para além do recorte classista, com seus estudos sobre a multidão, em que analisava os comportamentos coletivos para além das determinações racionais que explicavam as ações da classe. Tal como Thompson, Rudé trabalhou com uma elasticidade conceitual, enfocando a realidade sob outra ótica.

Da mesma forma, Raymond Williams pôs em foco a construção da cultura na Inglaterra e a forma como, desde a cidade, o campo foi ressignificado, induzindo a toda uma nova percepção da realidade pelos agentes sociais. Nesse sentido, a cultura passava a ser considerada fator de mudança social, mesmo como agente decisivo no processo de mudança da história.

Na postura desses autores, podemos dizer que a análise classista foi alargada para uma análise dos subalternos, com o que a história social confirmou a sua preocupação com os desde baixo, mas com uma série de inovações, que apontavam exatamente para o resgate dos significados que os homens conferiam a si próprios e ao mundo. Essa nova história social privilegiou a experiência de classe em detrimento do enfoque da luta de classes, centrou sua análise na estruturação de uma consciência e de uma identidade e buscou resgatar as práticas cotidianas da existência. Em todas as análises feitas, manteve-se o decidido resgate dos processos empíricos e uma valorização da pesquisa de fontes.

Em outra ponta, a escola dos *Annales* levava sua linha social a uma reorientação temática que se estendia para o âmbito do cultural, com o que se chamou a história das mentalidades. Já desde a primeira geração de historiadores dos *Annales*, Lucien

Febvre havia demonstrado preocupação com os domínios do simbólico, chamando a atenção para as atitudes mentais que se constituíam para além das determinações do consciente e do racional, para além dos circuitos da ideologia e da classe de uma análise marxista. Mas essa postura havia sido, com a segunda geração de historiadores da escola, ultrapassada pelo predomínio do enfoque econômico/social, tendência esta liderada pelos estudos de Fernand Braudel. Foi preciso chegar até a terceira geração dos *Annales*, com Pierre Goubert e Emanuel Le Roy Ladurie, para que as atitudes mentais e as elaborações do espírito passassem a ser objeto do historiador. Com o ressurgimento das mentalidades, o nível cultural passou a ser entendido como uma forma de determinação primária da sociedade.

O conceito de mentalidade, porém, não era preciso; a corrente pretendia furtar-se à classificação classista, mas sua amplitude também não era fixada pelos historiadores que trabalhavam nesse enfoque. A história das mentalidades apontava para os caminhos das elaborações mentais e dos fios de sensibilidade que percorriam o social de ponta a ponta, mas não se definia teoricamente.

A mentalidade era uma maneira de ser, um conjunto de valores partilhados, não racionais, não conscientes e, de uma certa forma, extraclasse. Falava-se de permanências mentais e de sentimentos que atravessavam épocas e culturas, partilhados por diferentes extratos sociais, mas sem que houvesse um trabalho de aprofundamento teórico do conceito. O *insight*, contudo, renderia frutos para a história nas décadas seguintes.

Por outro lado, a história social dos *Annales* trabalhava com a ideia da diferença, e não a da contradição de classe, com o que desvendava toda uma trama de relações e de grupos presentes na sociedade, com as suas práticas e valores e que vinham ao encontro da crescente complexificação da realidade, já apontada. Houve, com os *Annales*, uma verdadeira dilatação do campo de trabalho do historiador, tanto no que diz respeito a atores quanto a temas ou objetos. Nesse momento, a posição dos *Annales*, designada em 1978 por Jacques Le Goff como Nova História, não se definia mais como uma escola somente francesa, pois seu prestígio e alcance incorporavam historiadores de outros países, como é o caso de Natalie Davis ou Robert Darnton.

Em síntese, historiadores franceses dos *Annales* e historiadores ingleses neomarxistas trabalhavam, do final dos anos 1960 aos anos 80, com uma história social que avançava para os domínios do cultural, buscando ver como as práticas e experiências, sobretudo dos homens comuns, traduziam-se em valores, ideias e conceitos sobre o mundo. Mesmo que seus membros marxistas permanecessem marxistas e que os integrantes da agora chamada Nova História, herdeira dos *Annales*, não se definissem teoricamente, era possível distinguir algumas preocupações comuns, que perpassavam o trabalho dos historiadores.

Tais questões seriam, grosso modo, as seguintes: como as elaborações mentais, produtos da cultura, se articulavam com o mundo social, a realidade da vida cotidiana? Como era possível estabelecer correspondências entre todos esses níveis e também objetos de estudo? Como era possível descobrir os sentidos e significados que os homens atribuíam a si próprios e às coisas? Até onde iam os limites da História, se precisassem diálogos com outros campos de conhecimento ou outras ciências?

Em suma, se os paradigmas estavam em crise, era preciso que se discutissem os pressupostos teóricos para interrogar o mundo. E foi, efetivamente, na década de 1970, que algumas ideias revolucionaram o campo da história, em particular pelas questões epistemológicas que encerravam.

Em sua aula inaugural no Collège de France, proferida em 2 de dezembro de 1970, Michel Foucault dizia supor que em toda sociedade a produção de discursos estava controlada por procedimentos de classificação, avaliação, divisão, separação e limites. Uma cultura se instalava pela partilha e atribuição de significados e o que cabia estudar era justamente o jogo de elaboração dos discursos, constitutivos daquilo que se chamaria o real. Com isso, Michel Foucault punha em xeque o próprio princípio que embasava a história social: o que devia ser estudado era a realidade. Ora, para Foucault não haveria separação entre texto e contexto, e aquilo que se convencionava chamar de real era dado por objetos discursivos, fixados historicamente pelos homens.

O centro da análise da postura foucaltiana incidiria sobre o poder, entendido como micropulverização de práticas, cuja rede genética e não causal cabia desvendar.

O pensamento foucaultiano incomodou os historiadores, ao instalar uma História sem sujeito e ao tomar o discurso pelo real, além de indicar que o objeto se define pela prática discursiva. Mas, mesmo combatido, Foucault tornou-se alvo de debates que não se esgotaram desde então, a demonstrar que alterações significativas se davam no campo intelectual e que afetavam profundamente a História, mobilizando seus profissionais a pronunciar-se.

Paul Veyne, com seu livro *Como se escreve a história*, publicado em 1971, iria, na Europa, pôr em xeque as concepções até então assentes para a História, com seus questionamentos que se contrapunham à própria cientificidade da disciplina. Revolucionária, a posição assumida pelo historiador francês foi verdadeiramente iconoclasta: a História era, no seu entender, uma narrativa verídica, como relato do que ocorrera um dia. Enquanto discurso, era capaz de fazer reviver o vivido, mas não mais que o romance. Ora, com tal assertiva, a História passava a ser uma espécie de romance verdadeiro, com o que as estratégias ficcionais se introduziam nos domínios de Clio, pela fala autorizada de um historiador!

Para Veyne, a História tinha um campo indeterminado, salvo a exigência de lidar com o acontecido, o que fazia da história uma narrativa distinta daquela da literatura!

Como narrativa, apresentava versões sobre os fatos que teriam ocorrido um dia, narrativas essas elaboradas de forma subjetiva a partir de dados objetivos, por escolhas feitas pelo historiador diante de um horizonte infinito de temas. Assim, o historiador selecionava, simplificava e organizava os dados do passado em função de uma pergunta para a qual construía uma resposta, dotada de um sentido. Sim, pois a História era o resultado de uma interrogação, feita pelo historiador; de uma escolha e de uma organização dos dados, tal como da montagem de uma intriga, também construídas pelo historiador.

Logo, tudo poderia ser história, não havendo portanto a História, mas as histórias, espécies de itinerários possíveis, que não dariam conta da totalidade ou da verdade, mas dariam explicações plausíveis. Enquanto narrativa, a história comportava uma intriga, algo aproximado ao drama ou romance, que expunha uma intriga a ser deslindada, mas tendo em vista que a realidade não era, em si, racional.

Com isso, a História não poderia ser jamais total, pois nenhum historiador poderia dar conta de tudo, e nem o tempo era uma categoria essencial, sendo apenas um meio ou um lugar onde a intriga se desenrolava. Aliás, os próprios acontecimentos não tinham existência em si, mas eram uma encruzilhada de itinerários possíveis. Ou seja, Paul Veyne não só reduzia a história a uma narrativa sem capacidade explicativa de verdades ou totalidades como também a aproximava de ser uma disciplina mais propriamente literária.

Talvez mais revolucionário ainda tenha sido o questionamento lançado pela publicação da obra do historiador norte-americano Hayden White, *Meta-História*, em 1973.

Hayden White afirmava que a História era uma forma de ficção, tal como o romance era uma forma de representação histórica, embora no século XIX se tivesse dado a sua construção como ciência que buscava relatar a verdade dos fatos passados. Mais do que isso, sendo as representações discursivas, os historiadores se valeriam das mesmas estratégias tropológicas das narrativas usadas pelos romancistas ou poetas: metáfora, metonímia, ironia, sinédoque. Com tais ideias, Hayden White reforçava a ideia, já apresentada por Veyne ou Foucault, do caráter fictício das reconstruções históricas e que contestavam o seu caráter científico. Tal como na criação literária, o historiador também organizava um enredo na composição da sua narrativa, com a diferença de que o romancista inventava os fatos e o historiador os achava nas crônicas e materiais de arquivo.

O fazer da História, portanto, passou a ser alvo de toda uma postura crítica que repensava a disciplina. Em 1975, Michel de Certeau publicou um livro, *A escrita da história*, no qual enfocava a escrita como um discurso de separação: entre o passado e o presente, marcando uma separação temporal, entre a própria escritura e o social ao qual se referia, marcando a separação do lugar, e entre a verdade do discurso construído e o mito e a tradição. Assim, a história do fazer história teria sido, no Ocidente moderno, um processo de invenção ou ficção que busca explicar o passado desde o presente.

Ao analisar como se escrevia a História, Michel de Certeau estabelecia uma distinção entre a História entendida como um discurso que se propõe criar um saber com estatuto de conhecimento, constituído socialmente, e a História entendida como o conjunto de procedimentos técnicos e regras de escrita que constroem os dados. Logo, os objetos históricos não eram um produto natural, mas sim um produto discursivo.

Na década de 1980, Paul Ricœur lançaria, entre 1983 e 1985, os três volumes de sua obra *Tempo e Narrativa*. Para Ricœur, toda configuração de uma narrativa implica refiguração de uma experiência temporal. A narrativa reapresenta um tempo que, no caso da história, pressupõe um pacto com o passado: o leitor espera um relato verdadeiro e todo o ato da escrita da História comporta esta tensão: chegar lá, no real acontecido. O texto do historiador tem, pois, uma pretensão à verdade e refere-se a um passado real, mas toda a estratégia narrativa de refigurar essa temporalidade já transcorrida envolve representação e reconstrução.

Reconstrução porque, ao reinscrever o tempo do vivido no tempo da narrativa, ocorrem todas as variações imaginativas para possibilitar o reconhecimento e a identificação. Representação porque a narrativa histórica tanto se coloca no lugar daquilo que aconteceu quanto lhe atribui um significado. Neste processo, o historiador trabalha com os traços que lhe chegam de um outro tempo, mas estes não têm caráter mimético em si próprios, como evidências do passado. Eles precisam ser construídos, enquanto passado, pela escrita do historiador. O texto histórico se figura como um *ter sido*, mas de forma problemática, por não ser mais observável nem passível de reexperimentação, ele é apenas *memorável*. Com isso, o texto da História tem a ambição de que a sua construção seja uma reconstrução, ou seja, a restituição da verdade do acontecido ao leitor.

Indo mais além nas suas reflexões, fundamentais para a renovação das ciências humanas em geral, e para a própria noção de realidade, Paul Ricœur fala da ficcionalização da história. Isso se daria não apenas pelo papel ocupado pela imaginação na narrativa histórica, na sua função de configurar uma temporalidade, mas no papel central que o imaginário desempenha na construção deste ter sido que vem a ser o passado, colocando-se no seu lugar e figurando como se fosse a realidade. Ora, com tais elementos fictícios, a história se aproximaria do tipo de construção de intriga presente na narrativa literária, mas construindo uma ilusão controlada, pelos traços ou fontes e pela pretensão de verdade.

Por outro lado, acentua Ricœur, o texto de ficção, ou seja, literário, também suscita uma relação de presença e refiguração temporal. Os acontecimentos contados na narrativa ficcional são fatos passados para a voz narrativa, como se tivessem realmente ocorrido. Eles se assemelham aos fatos narrados pela História, mas se distinguem por liberar possibilidades de acontecer, não efetivadas no passado, mas nas quais o leitor se reconhece e identifica a temporalidade. Para Ricœur, a ficção é quase histórica, assim como a História é quase uma ficção.

Na segunda metade dos anos 1990, o campo da História já se achava afetado por questionamentos tão profundos que se podia falar, verdadeiramente, de uma busca de novos paradigmas explicativos da realidade. Falava-se muito de perdas, de recuos, de falta de teoria, de pulverização de temas e objetos, de uma lamentável prática negativista, expressa pela atitude de *jogar na lata de lixo da História* todo um conhecimento adquirido até então, como se agentes iconoclastas tentassem fazer tábula rasa de tudo o que até então fora produzido nos domínios de Clio.

O debate modernidade X pós-modernidade parecia mesmo atingir em cheio o campo da História, pois, com a crítica ao racionalismo e às pretensões da História à totalidade, se indicava estar atacando as conquistas de uma História moderna, dotada de um método e de um sólido caminho de investigação nos arquivos. Do outro lado, se identificava uma História pós-moderna, sem nenhum referencial teórico de análise, campo de um vale-tudo absoluto de escolhas temáticas, sem pretensão alguma de racionalidade. Nem cabe discutir tais formas de ataque, que por sinal não apresentam destinatário preciso, ou seja, não indicam a obra ou autor-alvo desta crítica. Caberia lembrar que, se a propalada pós-modernidade nega toda e qualquer forma de conhecimento sobre o passado, negaria a própria feitura ou existência da História. Ou seja, um historiador pós-moderno se autonegaria como pensador e profissional.

Da arqueologia da História Cultural à consolidação de um campo de trabalho, passemos agora a analisar a construção deste novo olhar da história, a partir dos seus principais pressupostos teóricos de análise.

CAPÍTULO III

Mudanças epistemológicas:
a entrada em cena de um novo olhar

Estivemos até agora a falar de uma mudança em curso, que desemboca neste novo campo que chamamos de História Cultural. Mas, para que esse campo se configurasse como tal, mudanças epistemológicas ocorreram, fundamentando esse novo olhar da História.

O primeiro desses conceitos que reorienta a postura do historiador é o da *representação*. Categoria central da História Cultural, a representação foi, a rigor, incorporada pelos historiadores a partir das formulações de Marcel Mauss e Émile Durkheim, no início do século XX.

Mauss e Durkheim estudaram, nos chamados povos primitivos atuais, as formas integradoras da vida social, construídas pelos homens para manter a coesão do grupo e que propõem como representação do mundo. Expressas por normas, instituições, discursos, imagens e ritos, tais representações formam como que uma realidade paralela à existência dos indivíduos, mas fazem os homens viverem por elas e nelas.

As representações construídas sobre o mundo não só se colocam no lugar deste mundo, como fazem com que os homens percebam a realidade e pautem a sua existência. São matrizes geradoras de condutas e práticas sociais, dotadas de força integradora e coesiva, bem como explicativa do real. Indivíduos e grupos dão sentido ao mundo por meio das representações que constroem sobre a realidade.

Representar é, pois, fundamentalmente, estar no lugar de, é presentificação de um ausente; é um apresentar de novo, que dá a ver uma ausência. A ideia central é, pois, a da substituição, que recoloca uma ausência e torna sensível uma presença.

A representação é conceito ambíguo, pois na relação que se estabelece entre ausência e presença, a correspondência não é da ordem do mimético ou da transparência. A representação não é uma cópia do real, sua imagem perfeita, espécie de reflexo, mas uma construção feita a partir dele.

A traição das imagens.
René Magritte, século XX (ícone do conceito de representação)

Há uma exposição, uma reapresentação de algo ou alguém que se coloca no lugar de um outro, distante no tempo e/ou no espaço. Aquilo/aquele que se expõe – o representante – guarda relações de semelhança, significado e atributos que remetem ao oculto – o representado. A representação envolve processos de percepção, identificação, reconhecimento, classificação, legitimação e exclusão.

Há um tipo de representação por substituição ou delegação de personagens, poderes e atributos, como, por exemplo, no caso de alguém que representa uma autoridade, na ausência desta, e que passa a desempenhar um papel substitutivo, agindo em seu nome.

Uma outra forma de compreender a representação seria dada pela exposição de uma imagem, que se substitui algo/

outro, ou mesmo pela exibição de objetos ou ainda por uma performance portadora de sentidos que remetem a determinadas ideias.

Neste caso, na correlação entre exposição e ocultamento, insinua-se um trabalho de substituição, mas onde se registra um deslizamento de sentido. As representações são também portadoras do simbólico, ou seja, dizem mais do que aquilo que mostram ou enunciam, carregam sentidos ocultos, que, construídos social e historicamente, se internalizam no inconsciente coletivo e se apresentam como naturais, dispensando reflexão. Há, no caso do fazer ver por uma imagem simbólica, a necessidade da decifração e do conhecimento de códigos de interpretação, mas estes revelam coerência de sentido pela sua construção histórica e datada, dentro de um contexto dado no tempo.

Nesta medida, a força das representações se dá não pelo seu valor de verdade, ou seja, o da correspondência dos discursos e das imagens com o real, mesmo que a representação comporte a exibição de elementos evocadores e miméticos. Tal pressuposto implica eliminar do campo de análise a tradicional clivagem entre real e não real, uma vez que a representação tem a capacidade de se substituir à realidade que representa, construindo o mundo paralelo de sinais no qual as pessoas vivem.

A força da representação se dá pela sua capacidade de mobilização e de produzir reconhecimento e legitimidade social. As representações se inserem em regimes de verossimilhança e de credibilidade, e não de veracidade. Decorre daí, portanto, a assertiva de Pierre Bourdieu, ao definir o real como um campo de forças para definir o que é o real. As representações apresentam múltiplas configurações, e pode-se dizer que o mundo é construído de forma contraditória e variada, pelos diferentes grupos do social. Aquele que tem o poder simbólico de dizer e fazer crer sobre o mundo tem o controle da vida social e expressa a supremacia conquistada em uma relação histórica de forças. Implica que esse grupo vai impor a sua maneira de dar a ver o mundo, de estabelecer classificações e divisões, de propor valores e normas, que orientam o gosto e a percepção, que definem limites e autorizam os comportamentos e os papéis sociais.

Em termos gerais, pode-se dizer que a proposta da História Cultural seria, pois, decifrar a realidade do passado por meio das suas representações, tentando chegar àquelas formas, discursivas e imagéticas, pelas quais os homens expressaram a si próprios e o mundo. Torna-se claro que este é um processo complexo, pois o historiador vai tentar a leitura dos códigos de um outro tempo, que podem se mostrar, por vezes, incompreensíveis para ele, dados os filtros que o passado interpõe. Este seria, contudo, o grande desafio para a História Cultural, que implica chegar até um reduto de sensibilidades e de investimento de construção do real que não são os seus do presente. A rigor, o historiador lida com uma temporalidade escoada, com o não visto, o não vivido, que só se torna possível acessar através de registros e sinais do passado que chegam até ele.

Tais traços são, por sua vez, indícios que se colocam no lugar do acontecido, que se substituem a ele. São, por assim dizer, representações do acontecido, e que o historiador visualiza como fontes ou documentos para sua pesquisa, porque os vê como registros de significado para as questões que levanta. Estamos, pois, diante de representações do passado que se constroem como fontes através do olhar do historiador. Mas não esqueçamos que o historiador da cultura visa, por sua vez, a reconstruir com as fontes as representações da vida elaboradas pelos homens do passado. Fonte como representação do passado, meio para o historiador chegar às representações construídas no passado. Mais que um mero jogo de palavras, este raciocínio não leva a desconsiderar a realidade sobre a qual se construíram as representações, mas sim a entender que a realidade do passado só chega ao historiador por meio de representações.

Isso fará da História também uma narrativa de representação do passado, que formula versões – compreensíveis, plausíveis, verossímeis – sobre experiências que se passam por fora do vivido. A História Cultural se torna, assim, uma representação que resgata representações, que se incumbe de construir uma representação sobre o já representado.

Neste ponto, um novo conceito se apresenta como fazendo parte do elenco de mudanças epistemológicas que acompanham a emergência da História Cultural: o *imaginário*.

Entende-se por imaginário um sistema de ideias e imagens de representação coletiva que os homens, em todas as épocas, construíram para si, dando sentido ao mundo.

A ideia do imaginário como sistema remete à compreensão de que ele constitui um conjunto dotado de relativa coerência e articulação. A referência de que se trata de um sistema de representações coletivas tanto dá a ideia de que se trata da construção de um mundo paralelo de sinais que se constrói sobre a realidade, como aponta para o fato de que essa construção é social e histórica.

O historiador Bronislaw Baczko, que assim define o imaginário, atribui a esse conceito características de historicidade e abrangência. O imaginário é histórico e datado, ou seja, em cada época os homens constroem representações para conferir sentido ao real. Essa construção de sentido é ampla, uma vez que se expressa por palavras/discursos/sons, por imagens, coisas, materialidades e por práticas, ritos, performances. O imaginário comporta crenças, mitos, ideologias, conceitos, valores, é construtor de identidades e exclusões, hierarquiza, divide, aponta semelhanças e diferenças no social. Ele é um saber-fazer que organiza o mundo, produzindo a coesão ou o conflito.

O filósofo Cornelius Castoriadis vai mais além nessa reflexão sobre a natureza do imaginário: para além da sua dimensão histórica, o imaginário é capacidade humana para representação do mundo, com o que lhe confere sentido ontológico. É própria do ser humano essa habilidade de criação/recriação do real, formando uma espécie de magma de sentido ou energia criadora. A essa condição herdada de construção imaginária do real, Castoriadis dá o nome de imaginário radical, fonte de todo o simbólico. Já à atividade social que atribui sentido ao mundo, construída a partir das condições históricas e apoiada naquela energia criadora, o autor dá o nome de imaginário efetivo. Este é sempre um imaginário simbólico e opera segundo lógicas próprias, conferindo existência significada ao real.

Da História à Filosofia, tem-se uma vertente historicizada de concepção do imaginário, que tanto o entende como capacidade criadora do homem como atividade socialmente construída. Essa postura seria também a de Jacques Le Goff, que entende o imaginário como uma forma de realidade, como um regime de representações, tradução mental não reprodutora do real, que induz e pauta as ações. Segundo Le Goff, tudo aquilo que o homem considera como sendo a realidade é o próprio imaginário.

O castelo dos Pirineus.
René Magritte, século XX.
(a expressão "construir castelos na Espanha", é, em língua francesa, sinônimo de imaginário).

Nesta medida, o historiador Le Goff aproxima-se do filósofo Castoriadis, quando este diz que a sociedade só existe no plano do simbólico porque pensamos nela e a representamos, desta ou daquela maneira.

Mas, para Le Goff, o imaginário é um conceito de tal forma amplo que, no seu entender, tudo pode ser submetido a uma leitura imaginária. Essa postura abrangente é partilhada também pela historiadora Evelyne Patlagean, quando diz que o terreno do imaginário abrange todo o campo da experiência humana.

Como representante da Escola dos *Annales*, Jacques Le Goff entende que o conceito do imaginário veio a representar uma superação do de mentalidade, posto a circular por essa Escola desde Lucien Febvre. A mentalidade, contudo, nunca chegara a se impor como um conceito preciso. Definido de forma vaga, se posicionava como uma maneira de pensar, para além dos limites da classe social e do conceito de estrutura mental que lhe correspondia, a ideologia. Fixado na longa duração, a mentalidade se ligava à permanência e a uma comunidade de sentido, partilhada por todos, a atravessar o social de ponta a ponta. Para além da ideologia, redutora à classe e preconizada pelo pensamento marxista, ou para ultrapassar a indefinição dos contornos e a precariedade conceitual da mentalidade, o imaginário se ofereceu como a categoria preferencial para exprimir a capacidade dos homens para representar o mundo.

Paralelamente a essas reflexões da História e da Filosofia, uma outra vertente de estudo do imaginário se impôs, a partir da Antropologia. Deste campo nos chegam as noções de estruturas mentais, de tendências permanentes de organização do espírito humano. Eles são os arquétipos, elementos constitutivos do imaginário que atravessam os tempos, assinalando formas de pensar e construir representações sobre o mundo. Estruturas inatas, imagens de instinto, os arquétipos são recorrentes, e a história se faz a partir de tais orientações estruturantes do pensamento, argumenta Yves Durand.

Gilbert Durand, por seu turno, se confere, por um lado, perenidade às estruturas imaginárias, como imagens-guias dotadas de coerência e sentido, por outro, reconhece uma dinâmica nos arquétipos apresentados por Jung, que conjugam as formas dadas pelo inconsciente com o retrabalho pelo consciente.

Quem se propõe resolver essa tensão no âmbito do imaginário, entre as permanências dos arquétipos e as mudanças produzidas pela historicização em cada contexto, é o historiador Lucian Boia. Fazendo uma espécie de síntese ou combinação entre as duas posturas, Boia tanto se apoia no caráter universal e trans-histórico do imaginário quanto na dinamicidade das reconstruções imaginárias produzidas em cada época. Não vê maior contradição entre o que considera permanências mentais e o que entende como a mudança ou realização histórica dos imaginários. O autor tanto vê persistências estruturais do espírito quanto uma reelaboração permanente ao longo da história dos tais arquétipos imaginários, que sintetiza em oito exemplos a atravessar as épocas: a consciência de uma realidade transcendente; a ideia da morte, do duplo e do além; a alteridade; a unidade; a atualização das origens; a decifração do futuro; a necessidade de evasão; as lutas ou polarização dos contrários.

Lucian Boia ainda assegura que o imaginário pressupõe imagens sensíveis, resgatáveis pelo historiador. Assim, para chegar até as sensibilidades de um outro tempo, é preciso que elas tenham deixado um rastro, que cheguem até o presente como um registro escrito, falado, imagético ou material, a fim de que o historiador possa acessá-las. Mesmo um sentimento, uma fantasia, uma emoção precisam deixar pegadas para que possam ser capturados em suas marcas pelo historiador.

Tanto as sociedades arcaicas quanto as modernas, contemporâneas, tecnologizadas possuem seus sistemas imaginários de representação, a construírem verdades, certezas, mitos, crenças. Todos os homens vivem, diz Boia, ao mesmo tempo, em um mundo prosaico, das coisas do cotidiano, e em um mundo do fabuloso, do desejo e do sonho. O que é certo, assevera Boia, é que nenhuma sociedade vive fora do imaginário e que é uma falsa questão separar os dois mundos, o do real e o do imaginário.

Sabe-se, contudo, que nem sempre foi assim e que, por longo tempo, o imaginário esteve relegado ao mundo da fantasia, da ilusão, do não real, da não verdade, do não sério. Contribuíram para isso, como é possível entender, o advento do racionalismo cartesiano do século XVII, seguido pelo cientificismo do século das Luzes para prolongar-se pelo século XIX, animado pelo cientificismo, pelo evolucionismo e pelo progresso. Em pleno século XX, tanto o marxismo quanto o pensamento de Sartre colaboraram para acentuar a distinção entre o chamado mundo do real e aquele do não real ou imaginário. Diante da pureza do conceito, na sua capacidade de realizar abstrações sobre o mundo, Sartre colocava a imaginação como um degrau inferior do pensamento.

É, verdadeiramente, com o advento da História Cultural que o imaginário se torna um conceito central para a análise da realidade, a traduzir a experiência do vivido e do não vivido, ou seja, do suposto, do desconhecido, do desejado, do temido, do intuído.

O real é sempre o referente da construção imaginária do mundo, mas não é o seu reflexo ou cópia. O imaginário é composto de *um fio terra*, que remete às coisas, prosaicas ou não, do cotidiano da vida dos homens, mas comporta também utopias e elaborações mentais que figuram ou pensam sobre coisas que, concretamente, não existem. Há um lado do imaginário que se reporta à vida, mas outro que se remete ao sonho, e ambos os lados são construtores do que chamamos de real.

Nessa medida, na construção imaginária do mundo, o imaginário é capaz de substituir-se ao real concreto, como um seu outro lado, talvez ainda mais real, pois é por ele e nele que as pessoas conduzem a sua existência.

Uma outra concepção que se abriga no seio deste novo olhar sobre o mundo levado a efeito pela História Cultural é o da *narrativa*.

A História teve mais de uma compreensão ao longo do tempo: já foi identificada com a experiência vivida, ou seja, com o que aconteceu no passado, com os fatos e os acontecimentos de uma temporalidade já transcorrida. Foi, posteriormente, a ciência que, com leis e métodos, estudava o passado, resgatando a verdade do acontecido em um relato fiel. Além disso, cabe lembrar que, em alguns idiomas – como o inglês, por exemplo –, se coloca uma distinção entre a *História/History*, ou seja, o acontecimento verdadeiro, o acontecido, e a *história/story*, narrativa de ficção, tal como em alemão se estabelece, igualmente, a distinção entre *Geschichte* e *historie*. Contemporaneamente, ela é entendida como a narrativa do que aconteceu um dia, entendimento este que marca uma diferença significativa com as concepções anteriores.

Entretanto, essa classificação da História como uma narrativa ou discurso sobre o real, por óbvia que possa hoje parecer, já foi utilizada no sentido pejorativo, para designar o relato de um conteúdo organizado em ordem sequencial, cronológica de acontecimentos de forma descritiva e não analítica, carente de um pressuposto teórico que possibilitasse a interpretação. Essa História-narrativa, associada com a chamada Nova História, ou seja, com a Escola dos *Annales* na virada dos anos 70 para os 80 do século XX, foi criticada, sobretudo por historiadores marxistas, como apenas dotada de preocupações com a retórica e não com a análise, enfocando fatos isolados e abandonando o social. Em suma, essa História-narrativa perdera o seu potencial explicativo.

Foi com a decantada crise dos paradigmas que se deu o retorno da narrativa para o campo da História. Lawrence Stone, discutindo esse retorno, chega a estabelecer uma distinção entre o que chama de narrativa tradicional (aquela tal como fora descrita pela crítica marxista) e uma nova narrativa, influenciada pela Antropologia, trabalhando com o individual e com o coletivo, onde a análise se juntaria à descrição e onde se registraria a descoberta de novas fontes e novos temas. A rigor, Lawrence Stone levantou a questão no início dos anos 80, mas não a discutiu, cabendo a Paul Ricœur levar adiante uma discussão mais aprofundada da narrativa no campo da História.

Ora, uma narrativa é o relato de uma sequência de ações encadeadas e, na clássica definição de Aristóteles, a História seria a narrativa do que aconteceu, distinta da literatura, que seria a narrativa do que poderia ter acontecido. Nesta medida, a definição aristotélica estabelece para a História um pacto com a verdade, verdade esta que o mesmo Aristóteles define ainda como sendo a correspondência da realidade com o discurso.

Tal assertiva faz da história uma narrativa verdadeira, postura esta que o próprio Paul Veyne, inovador e iconoclasta, confirmou. Sim, a História teria como meta atingir a verdade

O poema favorito. Sir Lawrence Alma-Tadema, século XIX.

do acontecido, mas não como mímesis. Entre aquilo que teve lugar um dia, em um tempo físico já transcorrido e irreversível, e o texto que conta o que aconteceu, há uma mediação.

A figura do narrador – no caso, o historiador, que narra o acontecido – é a de alguém que mediatiza, que realiza uma seleção dos dados disponíveis, que tece relações entre eles, que os dispõe em uma sequência dada e dá inteligibilidade ao texto. Tais atividades envolvem a montagem de uma intriga, a urdidura de um enredo, a decifração de um enigma. O narrador é aquele que se vale da retórica, que escolhe as palavras e constrói os argumentos, que escolhe a linguagem e o tratamento dado ao texto, que fornece uma explicação e busca convencer.

As reflexões de Ricœur são, nesse ponto, fundamentais para a compreensão da urdidura de uma trama na narrativa. Paul Ricœur nos fala que as construções narrativas da História são refigurações de uma experiência temporal. O que o historiador pretende é reconstruir o passado, para satisfazer o pacto de verdade que estabeleceu com o leitor, mas o que constrói pela narrativa é um terceiro tempo, situado nem no passado do acontecido nem no presente da escritura. Esse tempo histórico é uma invenção/ficção do historiador, que, por meio de uma intriga, refigura imaginariamente o passado. Mas sua narrativa almeja ocupar o lugar deste passado, substituindo-o. É, pois, representação que organiza os traços deixados pelo passado e se propõe como sendo a verdade do acontecido.

O narrador-historiador é ainda aquele que se vale de provas – os indícios, cuidadosamente pesquisados, selecionados e dispostos em uma rede de analogias e combinações de modo a revelar significados – que, mais até do que explicar, operam como recurso de autoridade à fala do historiador. Além disso, o historiador-narrador cita. Suas citações não são apenas evidências de que ele andou pelos arquivos e, cumprindo o seu ofício, pesquisou as fontes documentais, mas também operam no sentido de atestar que esse historiador conhece e participa do diálogo científico e acadêmico de sua época. Ele demonstra com isso não apenas a sua erudição, mas sua atualização com as tendências e debates de seu tempo.

Mas há ainda um público, ouvinte e leitor para a narrativa historiográfica, a quem se busca convencer, seduzir, provar. Esse público deve ser convencido de que o historiador lhe oferece a verdade do acontecido. Ele não vai refazer o percurso do historiador junto aos arquivos e às fontes, nem provavelmente lerá todos os interlocutores do narrador junto à comunidade científica, mas avaliará a documentação empregada, o uso dos conceitos, a construção das explicações dadas pelo historiador para responder às propostas formuladas. Ou, simplesmente, se deixará convencer pela argumentação e pelos recursos retóricos do narrador.

Estivemos a falar até agora da construção de uma narrativa histórica, que tem como meta chegar, o mais próximo possível, da verdade do acontecido. Mas no campo da História Cultural, o historiador sabe que a sua narrativa pode relatar o que ocorreu um dia, mas que esse mesmo fato pode ser objeto de múltiplas versões. A rigor, ele deve ter em mente que a verdade deve comparecer no seu trabalho de escrita da História como um horizonte a alcançar, mesmo sabendo que ele não será jamais constituído por uma verdade única ou absoluta. O mais certo seria afirmar que a História estabelece regimes de verdade, e não certezas absolutas.

Estabelece-se, com isso, um dilema nos domínios de Clio: tudo o que foi um dia poderá vir a ser contado de outra forma, cabendo ao historiador elaborar uma versão plausível, verossímil, de como foi. Mesmo admitindo uma certa invariabilidade no ter sido, as formas de narrar o como foi são múltiplas e isso implica colocar em xeque a veracidade dos fatos. Como diria Jacques Rancière, é sempre possível atribuir a acontecimentos verídicos, ficções, ou substituir acontecimentos fictícios por sujeitos reais.

Tal postura introduz a concepção de um outro conceito, que se insere neste novo patamar epistemológico que preside o surgimento da História Cultural: o da *ficção*.

Ora, a questão de admitir a ficção na escrita da História implica aproximá-la da literatura e, para alguns autores, retirar-lhe o conteúdo de ciência! A História seria, assim, rebaixada de estatuto, abdicando do seu direito de enunciar a verdade. Trata-se, pois, de uma batalha que se trava dentro dos próprios domínios da História, pois Clio se coloca em uma situação-limite quanto ao seu estatuto, entre a ciência e a literatura.

O tempo desvelando a verdade. Jean-François Detroy, século XVIII.

Tal reflexão – esta de a História comportar estratégias da ficção – rendeu muita discussão a partir dos anos 1980.

Reinhart Koselleck alertava que a tradicional oposição entre *res factae* e *res fictae* não mais se sustentava e que o Historiador construía uma temporalidade específica, que implicava uma ficção perspectivista da facticidade. Hans Robert Jauss, por seu lado, denunciava o preconceito que reduzia a ficção a uma forma retórica ou estética, e associava o fato ao conteúdo histórico, deixando de lado as operações de conhecimento e produção do passado em narrativa presentes na História.

Ora, comentava o autor, a *res factae* já é, em si, uma construção, com o que não se pode negar à História o uso da ficção. A estetização ou a colocação em ficção da experiência histórica é já uma obra de *res fictae*. Nada é simplesmente colhido do passado pelo historiador, como uma História dada. Tudo que se conhece como História é uma construção da experiência do passado, que tem se realizado em todas as épocas. A História inventa o mundo, dentro de um horizonte de aproximação com a realidade, e a distância temporal entre a escritura da história e o objeto da narrativa potencializa essa ficção. Como um teórico da recepção, Jauss afirma que a produção da narrativa histórica e a sua aceitação como um relato verossímil se dá como uma resposta às expectativas do leitor. Essas exigências que se fazem à História, para que responda às perguntas de determinada época, condicionam a produção das representações sobre o passado. Nesta medida, a História constrói um discurso imaginário e aproximativo sobre aquilo que teria ocorrido um dia, o que implica dizer que faz uso da ficção.

Para Natalie Zemon Davis, os historiadores teriam ultra-passado a clivagem de Aristóteles entre a História e a Literatura, pois hoje se admite que a História joga com o possível, o plausível, o verossímil. Por ficção, Natalie Davis não entende nem a falsidade nem a fantasia, versões vulgares de compreensão do conceito, nem ainda uma possibilidade de invenção absoluta dos dados do real. Prefere o sentido antigo do termo, recolhido do século XVI: aquilo que é trabalhado, construído ou criado a partir do que existe. O historiador é aquele que, a partir dos traços deixados pelo passado, vai em busca da descoberta do como aquilo teria acontecido, processo este que envolve urdidura, montagem, seleção, recorte, exclusão.

Ou seja, o historiador cria o passado e, para Natalie Davis, a História é uma forma de ficção, tal como a Literatura.

Para Krysztof Pomian, as fronteiras entre a História e a ficção são móveis. Toda a narrativa historiográfica comporta elementos que visam a levar o leitor a uma realidade fora do texto, à qual ele só acede pelo imaginário, mas, ao mesmo tempo, a narrativa histórica não se sustenta por si só: ela guarda marcas de historicidade – as fontes, os documentos que deram margem à elaboração do texto – que, em tese, permitiriam ao leitor refazer o caminho empreendido pelo historiador. Por um lado, com o ingrediente ficcional, de reconstrução, a História se aproximaria da literatura, enquanto pelo outro, se coloca como semelhante ao conhecimento científico.

É ainda Ricœur quem estabelece as considerações mais interessantes quanto a essa questão. Ricœur admite a ficcionalização da História, presente na capacidade imaginária desta narrativa, de construir uma visão sobre o passado e de se colocar como substitutiva a ele. A ficção é quase histórica, assim como a História é quase ficção. Não é possível pensar esse processo de substituição – a narrativa que passa a representar o acontecido – sem levar em conta a presença da criação ficcional, tanto do lado da escrita quanto da leitura.

Há, segundo Ricœur, a convergência entre uma função de representância, que se opera no domínio da produção, na relação que se opera entre a construção da narrativa histórica e o passado preservado nos traços que restam, e a função da significância, presente no domínio da leitura, na relação entre o mundo do texto e o do leitor.

Ocorrem, nesse processo, tanto funções reveladoras de sentido, criadas/descobertas pelo historiador e pelo leitor, quanto funções transformadoras, na criação desta outra temporalidade que é a da História.

A refiguração no tempo é um elemento, pois, central nesta atividade da narrativa histórica que porta, em si, a ficção. Há uma modalidade referencial do mundo que só se pode representar de forma metafórica, ou seja, que se apresenta como um *dizer como*, um *ver assim*, *como se fosse*.

Essa é ainda a posição de François Hartog, ao definir a relação entre a narrativa e o passado real – o acontecido – como uma relação metafórica: trata-se da construção sob o domínio do análogo, do contraste, da semelhança. Tal entendimento minimiza a diferença entre *logos* e *mythos*, ou entre um discurso histórico-científico e um discurso poético-mítico.

Nesta medida, História e Literatura são formas de dar a conhecer o mundo, mas só a História tem a pretensão de chegar ao real acontecido. Estes são, segundo Ricœur, o drama e a especificidade da narrativa histórica. Ao estabelecer uma aproximação entre a Memória e a História, apresentando-as como discursos de representação do passado, Ricœur diz que, à História, estaria negada a pequena alegria do reconhecimento preservada à Memória. Aquele que evoca, chega à identificação da lembrança com o acontecido, objeto da rememoração: foi ele, foi lá, foi então, foi assim! A Memória atinge assim a veracidade da evocação. Já no caso da História, em que as ações se passam por fora da experiência do vivido e, portanto, do não verificável, a narrativa opera-se por critérios de plausibilidade e verossimilhança.

Mesmo assim, a expectativa do historiador – e por certo do leitor de um texto de História – é de encontrar nele algo de verdade sobre o passado. O discurso histórico, portanto, mesmo operando pela verossimilhança e não pela veracidade, produz um efeito de verdade: é uma narrativa que se propõe como verídica e mesmo se substitui ao passado, tomando o seu lugar. Nesse aspecto, o discurso histórico chega a atingir um efeito de real. Incorporando o espírito das Musas, que criavam aquilo que cantavam, a História dá consistência ao que narra e participa da construção do real.

O importante é, contudo, analisar isso que se poderia chamar uma *poética do saber*, como anuncia Philippe Carrard, ou seja, os procedimentos literários pelos quais o discurso histórico se afasta da literatura para se revestir de um estatuto científico, apesar das limitações e especificidades que experimenta sob essa condição.

Todas essas questões epistemológicas representam mudanças significativas, marcando a entrada em cena de um novo patamar para a reflexão da História. Essa espécie de giro teórico opera como uma espécie de novos *óculos* para enxergar a realidade, a partir de um corpo articulado de conceitos que passam a explicar o mundo de uma outra forma.

Um outro conceito ainda se impõe, dizendo respeito a algo que se encontra no cerne daquilo que o historiador do passado pretende atingir: as *sensibilidades*.

As sensibilidades corresponderiam a este núcleo primário de percepção e tradução da experiência humana no mundo. O conhecimento sensível opera como uma forma de apreensão do mundo que brota não do racional ou das elucubrações mentais elaboradas, mas dos sentidos, que vêm do íntimo de cada indivíduo. Às sensibilidades compete essa espécie de assalto ao mundo cognitivo, pois lidam com as sensações, com o emocional, com a subjetividade.

A rigor, a preocupação com as sensibilidades da História Cultural trouxe para os domínios de Clio a questão do indivíduo, da subjetividade e das histórias de vida. Não mais, contudo, uma história biográfica, dos grandes vultos da História, mas muito mais biografias de gente simples, da gente sem importância, dos subalternos. Uma história de indivíduos que deriva, assim, de uma história social renovada: do estudo dos pobres, dos subalternos enquanto classe ou grupo, detentores de uma expressão cultural dita popular, passou-se a uma história de vida das pessoas humildes, na qual possam ser surpreendidos os sentimentos, as sensações, as emoções, os valores.

Esta última condição é extremamente importante para a História Cultural, pois marca a emergência da subjetividade nas preocupações do historiador. É a partir da experiência histórica pessoal que se resgatam emoções, sentimentos, ideias, temores ou desejos, o que não implica abandonar a perspectiva de que essa tradução sensível da realidade seja historicizada e socializada para os homens de determinada época. Os homens aprendem a sentir e a pensar, ou seja, a traduzir o mundo em razões e sentimentos.

As sensibilidades seriam, pois, as formas pelas quais indivíduos e grupos se dão a perceber, comparecendo como um reduto de tradução da realidade por meio das emoções e dos sentidos. Nessa medida, as sensibilidades não só comparecem no cerne do processo de representação do mundo, como correspondem, para o historiador da cultura, àquele objeto a capturar no passado, à própria energia da vida.

O efeito do melodrama. Louis-Léopold Boilly, século XIX.

Mas, para o historiador, é preciso encontrar a tradução externa de tais sensibilidades geradas a partir da interioridade dos indivíduos. Ou seja, mesmo as sensibilidades mais finas, as emoções e os sentimentos devem ser expressos e materializados em alguma forma de registro passível de ser resgatado pelo historiador.

Retorna aqui, na análise das sensibilidades, a reflexão de que se a História é uma espécie de ficção, ela é uma ficção controlada, e sobretudo pelas fontes, que atrelam a criação do historiador aos traços deixados pelo passado. Toda experiência sensível do mundo, partilhada ou não, que exprima uma subjetividade ou uma sensibilidade partilhada, coletiva, deve se oferecer à leitura enquanto fonte, deve se objetivar em um registro que permita a apreensão dos seus significados. O historiador precisa, pois, encontrar a tradução das subjetividades e dos sentimentos em materialidades, objetividades palpáveis, que operem como a manifestação exterior de uma experiência íntima, individual ou coletiva.

Sensibilidades se exprimem em atos, em ritos, em palavras e imagens, em objetos da vida material, em materialidades do espaço construído. Falam, por sua vez, do real e do não real, do sabido e do desconhecido, do intuído ou pressentido ou do inventado. Sensibilidades remetem ao mundo do imaginário, da cultura e seu conjunto de significações construído sobre o mundo. Mesmo que tais representações sensíveis se refiram a algo que não tenha existência real ou comprovada, o que se coloca na pauta de análise é a realidade do sentimento, a experiência sensível de viver e enfrentar aquela representação. Sonhos e medos, por exemplo, são realidades enquanto sentimento, mesmo que suas razões ou motivações, no caso, não tenham consistência real.

Nessa medida, o mundo do sensível é talvez difícil de ser quantificado, mas é fundamental que seja avaliado pela História Cultural. Ele incide justo sobre as formas de valorizar, classificar o mundo ou de reagir diante de determinadas situações e personagens sociais. Em suma, as sensibilidades estão presentes na formulação imaginária do mundo que os homens produzem em todos os tempos. Pensar nas sensibilidades, no caso, é não apenas mergulhar no estudo do indivíduo e da subjetividade, das trajetórias de vida, enfim. É também lidar com a vida privada e com todas as suas nuances e formas de exteriorizar – ou esconder – os sentimentos.

Representação e *imaginário*, o retorno da *narrativa*, a entrada em cena da *ficção* e a ideia das *sensibilidades* levam os historiadores a repensar não só as possibilidades de acesso ao passado, na reconfiguração de uma temporalidade, como colocam em evidência a *escrit*a da história e a *leitura* dos textos.

Escrever a História, ou construir um discurso sobre o passado, é sempre um ir ao encontro das questões de uma época. A História se faz como resposta a perguntas e questões formuladas pelos homens em todos os tempos. Ela é sempre uma explicação sobre o mundo, reescrita ao longo das gerações que elaboram novas indagações e elaboram novos projetos para o presente e para o futuro, pelo que reinventam continuamente o passado.

O historiador explica, em esforço retórico e pedagógico, imprimindo sentidos ao seu discurso. Na busca de construir uma forma de conhecimento sobre o passado, o historiador dá a ler este passado, decifrando-o e dotando-o de uma inteligibilidade. Para o Historiador da Cultura, isso implica ir ao encontro das representações antigas, recuperando os registros do passado na sua irredutível especificidade, quando os homens falavam, agiam e construíam representações do mundo estranhas aos nossos códigos e valores. É nessa medida que o trabalho da História é sempre o de dar a ver um *Outro*, resgatando uma diferença.

François Hartog nos fala da montagem de uma retórica da alteridade, na qual o historiador tenta traduzir uma experiência não mais reprodutível e mesmo estranha a quem ouve ou lê. Essa tarefa é realizada por meio de operações imaginárias de sentido que são transmitidas pelo discurso historiográfico. Este *Outro* no tempo, esta alteridade a ser construída pelo discurso, será percebido por operações mentais que lidam com a comparação e a analogia, com a diferença e a inversão, com o inusitado. É preciso articular as diferenças, as particularidades e especificidades de cada contexto com as relações de conexão e interdependência de cada elemento com os outros, não presentes no texto/objeto de análise, com o contexto no qual se insere.

Ainda no que toca a essa diferença, há que considerar que, a rigor, há uma dimensão que é propriamente do âmbito do que se poderia chamar histórico-social, quase dada pela História. A diversidade existe, os homens, étnica e culturalmente, apresentam distinções e, nas relações sociais, de poder e econômicas, vivem e reproduzem assimetrias. Mas, em termos da História Cultural, importa resgatar como a diferença é percebida e representada pelos homens, o que implica uma outra abordagem.

A produção de identidades, no caso, é sempre dada com relação a uma alteridade com a qual se estabelece a relação. Proximidade e distância coexistem. Como diz Ginzburg, somos sempre estrangeiros com relação a algo ou alguém. Os *Outros*, que marcam a diferença, são múltiplos, tais como os recortes de pertencimento identitário podem ser também variados e se superpor em uma mesma pessoa.

O que importa acentuar é que essa diferença, além de ser produzida historicamente no plano das condições sociais da existência, é também construída, forjada na percepção de quem vê e enuncia o outro, descrito e avaliado pelo discurso, figurado e representado por imagens. Há uma produção imaginária deste outro, que afirma a alteridade e a diferença, no tempo e no espaço.

Ora, o historiador é um narrador, e o texto, um meio de traduzir um *Outro* ao destinatário, que é o leitor. Mas a leitura, como diz Chartier, é *rebelde e vagabunda*. Ela pode levar à formulação de significados bem distantes daqueles almejados ou previstos pelo esforço retórico do autor/historiador. O historiador escolheu um tema, formulou uma pergunta, construiu seu tema como objeto a partir dessa questão e dos pressupostos teóricos com os quais pensou resolvê-la, foi aos arquivos, selecionou fontes e com elas armou uma rede de significados que expôs por meio de um texto, onde buscou dar a ver o passado numa versão, plausível, possível, que aspira a ser tomada como a mais próxima possível do real acontecido. Ele buscou traduzir como as pessoas de um outro tempo agiam, pensavam, se expressavam.

O leitor, por sua vez, reinterpreta o texto e lhe confere novas significações, que podem ou não concordar com as intenções originais do narrador. A rigor, o controle do historiador sobre o leitor se dará pela exemplaridade de sua fala, pela retórica de seu texto, armando bem a intriga e explicitando seus argumentos de forma a produzir coerência na interpretação, pelas evidências da pesquisa e das fontes utilizadas, pelo seu prestígio no mundo da História, pelo atributo de ser, como historiador, a fala autorizada sobre o passado. Mas, mesmo assim, um texto está sujeito à construção de múltiplos sentidos, por meio da leitura. Tal como a realidade, passível de ser traduzida em múltiplas versões pelos discursos da História, o texto do historiador também se vê afetado pela mesma indeterminação, no plano da recepção. O leitor reinventa, distorce, modifica um texto. Retrabalha o discurso, deslocando sentidos e atribuindo novos.

Tenhamos claro que esse público leitor já esteve presente, como condicionante da escritura do texto, como horizonte de expectativas no qual se formularam as inquietações e as perguntas elaboradas em uma determinada época. Mas, narrativa construída, por mais séria que ela possa ter se constituído, nada assegura a sua boa recepção.

Enfim, quer parecer que, neste panorama dado, ao historiador restam mais dúvidas do que certezas, tanto na produção do seu texto quanto na recepção do mesmo. Podemos dizer mesmo, que, contemporaneamente, a História se situa em uma *era da dúvida.* Dúvida que se instala como um princípio de conhecimento e que antecede a pesquisa. Dúvida que estabelece a interrogação sobre o passado, que preside a construção do objeto, sob o que poderíamos chamar de uma filosofia da suspeita. Dúvida que se estabeleceu com a crise dos paradigmas, quando se passou a pensar que tudo o que foi estabelecido até então poderia ser posto sob interrogação. Dúvida que pôs em causa a coerência do mundo. Dúvida que também se faz presente no momento de chegada, quando o historiador toma consciência que ele persegue o seu desejo de verdade, mas sabe que, afinal, tudo aquilo que hoje é contado de uma forma poderá ser contado amanhã de forma diferente.

O historiador, realmente, pode concluir que, hoje, possui mais dúvidas do que certezas, mas isso, afinal de contas, não seria a base e o fundamento de toda a aventura do conhecimento? Tais considerações, realmente, marcam uma mudança de atitude que se explica a partir desse novo patamar epistemológico que passa a presidir o fazer História no campo da História Cultural.

Resta, contudo, admitir que, se a História é uma forma de ficção, ela é uma ficção controlada: pelos indícios recolhidos, pela testagem a que submete esses indícios, pela recorrência ao extratexto. Mas isso, no caso, é já estar a falar de metodologia...

CAPÍTULO IV

Em busca de um método:
as estratégias do fazer História

Falar de método é falar de um como, de uma estratégia de abordagem, de um *saber-fazer*. Formulada a pergunta, que constrói o tema como objeto a partir de um referencial teórico dado, como trabalhar os indícios ou traços que chegam desde o passado?

É a questão formulada ou o problema que ilumina o olhar do historiador, que transforma os vestígios do passado em fonte ou documento, mas é preciso fazê-los falar. Caso contrário, eles revelam somente a existência de um outro tempo, de um antigo, em que os homens falavam uma língua diferente, nesse *país estranho do passado*, como diz David Lowenthal, retomando as palavras de L.P. Hartley.

Mas, afinal, qual seria o método do historiador e, particularmente, esse método concebido pela História Cultural?

Carlo Ginzburg, em ensaio já clássico, nos fala de um *paradigma indiciário*, método este extremamente difundido na comunidade acadêmica. Nele, o historiador é equiparado a um detetive, pois é responsável pela decifração de um enigma, pela elucidação de um enredo e pela revelação de um segredo. Qual Sherlock Holmes, ele enfrenta o desafio do passado com atitude dedutiva e movido pela suspeita: vai em busca de traços, de pegadas como um caçador, de vestígios, como um policial. Presta atenção nas evidências, por certo, mas não entende o real como transparente. Aliás, refere Ginzburg, o próprio Marx afirmara que, se a realidade fosse transparente, não haveria necessidade de interpretá-la!

É preciso não tomar o mundo – ou as suas representações, no caso – na sua literalidade, como se elas fossem o reflexo ou cópia mimética do real. Ir além daquilo que é dito, ver além daquilo que é mostrado é a regra de ação desse *historiador detetive*, que deve exercitar o seu olhar para os traços secundários, para os detalhes, para os elementos que, sob um olhar menos arguto e perspicaz, passariam desapercebidos.

De detetive o historiador se transforma em médico, em busca dos sintomas, dos fenômenos paralelos que emitem sinais e dão a ver sentidos. Como um crítico de arte, o historiador não se atém apenas ao primeiro plano ou à aparência de um conjunto que se dá a ver, segundo uma primeira impressão; busca o segundo plano, vai na procura dos detalhes que cercam a cena principal, analisa cada elemento em relação ao conjunto.

O paradigma indiciário de Ginzburg encontra correspondência naquela estratégia já anunciada décadas antes por Walter Benjamin e redescoberta pelos historiadores: o *método da montagem*.

Baseando-se na montagem cinematográfica, a partir das fotografias que, combinadas, produzem o movimento, Walter Benjamin imagina para o historiador um caminho semelhante. É preciso recolher os traços e registros do passado, mas realizar com eles um trabalho de construção, verdadeiro quebra-cabeças ou *puzzle* de peças, capazes de produzir sentido. Assim, as peças se articulam em composição ou justaposição, cruzando-se em todas as combinações possíveis, de modo a revelar analogias e relações de significado, ou então se combinam por contraste, a expor oposições ou discrepâncias. Nas múltiplas combinações que se estabelecem, argumenta Benjamin, algo será revelado, conexões serão desnudadas, explicações se oferecem para a leitura do passado.

Pode-se ainda dizer que este seria o método da grelha ou grade de cruzamentos, onde os cacos da história, de que fala Benjamin, tomados na sua rede de correspondências, se apresentam como sintomas de uma época que anuncia Ginzburg, tudo a ser submetido ao olhar *detetivesco* do historiador.

Montar, combinar, compor, cruzar, revelar o detalhe, dar relevância ao secundário, eis o segredo de um método do qual a História se vale, para atingir os sentidos partilhados pelos homens de um outro tempo. Mas, neste rastreio do método, um outro elemento ainda se coloca como essencial para o historiador.

Sem dúvida, o historiador se apoia em textos e imagens que ele constrói como fontes, como traços portadores de significado para resolver os problemas que se coloca para resolver. Mas é preciso ir de um texto a outro texto, sair da fonte para mergulhar no referencial de contingência no qual se insere o objeto do historiador. Do texto ao extratexto, esse procedimento potencializa a interpretação e assinala uma condição especialíssima, que é o verdadeiro capital do historiador: a sua erudição.

A palavra, talvez, seja infeliz, fora de moda, carregada de um sentido que beira o pejorativo, a assinalar um amontoado de dados sem reflexão ou mesmo uma bagagem de cultura inútil.

O trapaceiro. La Tour, século XVIII.

Mas insistimos na denominação, e tomamos a palavra para significar a bagagem de leituras e de conhecimento que todo historiador deve ter para situar o seu tema e objeto, historicizando-o. Se há um capital próprio à formação do historiador é justamente este: ter um volume de conhecimentos disponíveis para serem aplicados e usados, dando margem a uma maior possibilidade de conexões e inter-relações.

É essa bagagem prévia que lhe permite realizar, por exemplo, uma leitura intertextual, ou seja, ver em um texto dado, a leitura, apropriação e ressignificação feita a partir de um outro. Ler, em um texto, outro; remeter uma imagem a outra, associar diferentes significantes para remeter a um terceiro oculto, portador de um novo significado. Tudo isso multiplica a capacidade de interpretação e faz parte das estratégias metodológicas que dão condições ao historiador para aplicar seu referencial teórico ao empírico das fontes.

Mas, em matéria de método, é possível ainda falar na *descrição densa*, estratégia apropriada da Antropologia e levada a efeito pelas análises de Clifford Geertz. A contribuição ou aproximação da Antropologia com a História foi um pouco mais além da utilização de certos conceitos explicativos, relacionados ao domínio do simbólico e à representação. Fornecendo ao historiador os exemplos de um método altamente significativo para realizar uma pesquisa intensa, descrevendo a realidade observada nos seus mínimos detalhes e correlação de significados possível, a *descrição densa* da Antropologia ensinou como explorar as fontes nas suas possibilidades mais profundas, fazendo-as falar e revelar significados. Não se trata apenas, como o nome pode sugerir, de descrever o objeto minuciosamente, mas sim de aprofundar a análise do mesmo, explorando todas as possibilidades interpretativas que ele oferece, o que só poderá ser dado por meio de um intenso cruzamento com outros elementos, observáveis no contexto ou mesmo fora dele.

O método fornece ao historiador meios de controle e verificação, possibilitando uma maneira de mostrar, com segurança e seriedade, o caminho percorrido, desde a pergunta formulada à pesquisa de arquivo, assim como a estratégia pela qual fez a fonte falar, produzindo sentidos e revelações, que ele transformou em texto.

É esse método que permite fazer da História uma ficção controlada, primeiro pelos indícios arrolados que se substituem ao referente, como sua representação, pois o acontecido não pode comparecer para testar e comprovar. O documento se converte em prova na argumentação do historiador e é a partir de tais provas que se encaminha a demonstração explicativa da História, dando a ver o como foi do acontecido.

Em segundo lugar, a História, como ficção controlada, se presta à testagem, à comprovação, mesmo que a experiência passada não seja mais capaz de ser reproduzida. Hipoteticamente, permite-se ao leitor refazer o caminho do historiador nos arquivos, além de ser convidado a seguir suas deduções. O arrolamento das fontes-provas e a sua composição em encadeamentos lógicos de sentido são ainda reforçados pela linguagem. A produção narrativa histórica também obedece a uma estratégia retórica e estética que implica fazer uso da linguagem, traduzindo ao leitor os dados em combinações exemplares que procuram dar resposta àquela questão *a priori* formulada. O texto busca convencer, escolhe argumentos e conceitos, palavras e sentidos, e o historiador quase que acaba sua narrativa com um enunciado do tipo teorema: como queríamos demonstrar.

Por último, a História é ficção controlada pelo recurso ao extratexto, que é também registro e marca que revelam a exemplaridade do método seguido, a compor, estabelecer analogias, contrastar, superpor, anunciando nexos. O extratexto é aqui considerado como sendo toda aquela bagagem de conhecimentos que o historiador possui, referente a um contexto mais amplo, e pode intervir na estratégia de cruzamento com os dados em análise.

O historiador, senhor do método, comparece como um juiz, tal como anuncia Ginzburg: ele explica como foi, como aconteceu e, com a autoridade da fala e o controle da estratégia metodológica, faz valer sua representação sobre o passado como o discurso do acontecido.

Uma ideia na cabeça, uma pergunta na boca, os recursos de um método nas mãos e um universo de fontes diante de si a explorar. Parece que o historiador tem o mundo à sua disposição, pois tudo lhe parece capaz de transformar-se em História. Tudo é realmente fonte, caco, traço, registro, vestígio e sinal emitido do passado à espera do historiador? Tudo pode ser, realmente, convertido em tema e objeto da História?

CAPÍTULO V

Correntes, campos temáticos e fontes: uma aventura da História

Este, talvez, seja um dos aspectos que, contemporaneamente, mais dão visibilidade à História Cultural: a renovação das correntes da história e dos campos de pesquisa, multiplicando o universo temático e os objetos, bem como a utilização de uma multiplicidade de novas fontes. Figurando como recortes inusitados do real, produzidos por questões renovadoras, a descoberta de documentação até então não visualizada como aproveitável pela História, ou então a revisita de velhas fontes iluminadas por novas perguntas.

Uma explosão, não somente da produção acadêmica e da pesquisa, mas também um marcante fenômeno de mídia. Pode-se mesmo dizer que a História Cultural tem exercido uma verdadeira sedução para o público leitor, o que permite aventurar que Clio saiu revitalizada da tão renomada e discutida crise dos paradigmas. Mais ainda, é possível dizer que nunca se escreveu nem se leu tanto sobre História como na última década do século XX e neste início do novo século e milênio!

Quais seriam, contudo, essas *novas correntes* trilhadas pela História Cultural, a partir daquele patamar epistemológico e metodológico anteriormente enunciado?

A primeira delas seria aquela do *texto*, pensando a *escrita* e a *leitura*. Seus pressupostos de análise decorrem daqueles conceitos já apresentados, ou seja, o da compreensão da História como uma narrativa que constrói uma representação sobre o passado, e que se desdobra nos estudos da produção e da recepção dos textos.

Passa-se a entender que escrita e leitura são indivisíveis e estão contidas no texto, este plano intermediário entre produção e recepção que articula, permite a comunicação e veicula representações. Há, pois, uma tríade a considerar na análise, composta por escrita, texto e leitura.

Em se tratando da escrita/produção, o historiador lança as perguntas sobre quem fala e de onde fala, ao enfocar o texto propriamente dito, o que se fala e como se fala e na análise da recepção, a questão jogada pelo historiador será discutir para quem se fala.

As relações entre essas instâncias não são diretas nem reflexas, mas sim intermediadas pelo discurso narrativo, sendo o seu campo quase infinito. A realidade é fragmentada e é o discurso que procura dar ordem, mas em múltiplas combinações, mediando as partes com o todo, os sujeitos com o social, o sensível com o racional, o singular com o universal.

Se formos pensar as relações que se estabelecem entre o discurso e o real – ou da representação com o seu referente –,

Mulher lendo uma carta. Johannes Vermeer, século XVII.

vemos que elas podem se dar por aproximação com as figuras da literatura. Isso não implica um endosso indiscriminado de um *linguistic turn*, nem uma revalidação, *in toctum,* das posturas de Hayden White, que apaga as distinções entre a História e a Literatura. Talvez mesmo seja preciso a História recusar a afirmação de Roland Barthes quando fala da única realidade como aquela construída pelo discurso. Mas todas essas considerações representam, isso sim, um exercício de reflexão para entender as relações possíveis entre a representação narrativa e o seu referente, questão esta central para a História Cultural.

Nessa medida, esse modo referencial privilegiado para o entendimento da História Cultural pode ser o da metáfora, ou seja, o discurso explica, fala de algo que se percebe e se entende como real, como um outro deste real. Ele fala por uma modalidade referencial de indicar uma significação para além deste real, envolvendo uma hermenêutica. Ele diz mais, diz além, diz de outra forma para dizer mais.

A postura metafórica, ou da hermenêutica do texto, é a que melhor concentra a ideia de que uma escrita comporta mensagens e significados, mas que podem ser lidos de várias maneiras.

Ora, esta História Cultural, debruce-se ela sobre a escrita do texto, sobre a edição do livro ou sobre a leitura, permite reconstruir o passado como objeto de pesquisa, tentar atingir a percepção dos indivíduos no tempo, quais são seus valores, aspirações, modelos, ambições e temores. Permite, inclusive, pensar a descontinuidade da História e a diferença, pondo tanto o Historiador como o leitor diante de uma alteridade de sentidos perante o mundo.

É ainda nesta corrente que se insere a discussão sobre a ficção na História e do potencial das fontes como documento de uma época, que permite, ou não, estabelecer verdades sobre o passado. Por outro lado, é ainda por esse campo que se coloca o estatuto específico da narrativa histórica, onde ela se aproxima e se afasta do discurso literário.

Uma outra corrente historiográfica é a da *micro-história*, modalidade que tem sido associada à vertente italiana de fazer História, particularmente aos nomes de Carlo Ginzburg e Giovanni Levi. A *micro-história*, como o próprio nome indica, realiza uma redução da escala de análise, seguida da exploração intensiva de um objeto de talhe limitado. Esse processo é acompanhado de uma valorização do empírico, exaustivamente trabalhado ao longo de extensa pesquisa de arquivo.

Tal escolha implica o recurso ao uso da metonímia como figura metodológica de ação, o que permite que, a partir do fragmento, se consiga obter um espectro mais amplo de possibilidades de interpretação. O aprofundamento do processo explicativo, pela análise microscópica, leva, por seu turno, a uma pluralidade de respostas possíveis para uma mesma situação dada.

Enquanto novo enfoque ou tendência, ao enunciar seus propósitos de redução de escala para potencializar a interpretação – vendo, no micro, o macro –, a *micro-história* põe em prática uma metodologia de abordagem do social. Justo na aparente imobilidade do fato, os historiadores buscavam surpreender a dinâmica da História, unindo o dado arquivístico à multiplicidade das relações sociais. Por meio de um entrecruzamento máximo de relações, os historiadores da *micro-história* acabam por demonstrar que o social passado não é um dado posto, um fato definido, mas algo reconstruído a partir de interrogações e questões postas. Recusando evidências, trabalhando com detalhes e traços secundários, tais historiadores se voltam para a preocupação de atingir, no micro, a dinâmica da vida, construindo versões sobre o passado por meio da pesquisa empírica exaustiva, que tanto combina uma espécie de descrição densa, aquela do viés antropológico, quanto a do método indiciário anunciado por Ginzburg.

Os elementos do micro, recolhidos pelo historiador, são como a ponta de um *iceberg* que aflora e que permite cristalizar algo e atingir outras questões que não se revelam a um primeiro olhar. Ele é o elemento que não só permite pensar o todo como, inclusive, possibilita elevar a escala de interpretação a um plano mais amplo e distante, para além do espaço e do tempo, pensando na circularidade cultural ou na difusão dos traços e significados produzidos pelos homens em todas as épocas.

Banquete nupcial camponês. Pieter Bruegel, século XVI.

Há, contudo, riscos: a hipertrofia das potencialidades metonímicas do traço pode levar àquilo que Andréa Del Col chamou de excesso interpretativo da obra *O queijo e os vermes*, de Carlo Ginzburg, esta figura exponencial da *micro--história*. O erudito Carlo Ginzburg incorreria, por vezes, nessa prática de superinterpretação, ao levar mais longe que o admissível a sua capacidade de estabelecer relações de significado, muito distantes no tempo e no espaço, e realizar a descoberta de coincidências extraordinárias ou a extrapolações interpretativas.

Outro risco viria da condição de o acontecimento, traço ou personagem, isolado e resgatado pelo historiador, ser uma exceção ou uma regra à ordem vigente. É preciso ter uma bagagem prévia e acumulada de conhecimentos, em termos de conteúdo, para identificar o micro como massa média ou representativo de um contexto dado ou como o elemento que foge à regra.

É preciso ainda ter filigranas no olhar para ver, no único ou na exceção, o normal, a série, a confirmação da regra, da conduta e do valor vigente. Ou, em outras palavras, é só o olhar muito atento e acurado que vê, na contravenção, a norma, ou na declaração da virtude, a existência do pecado.

Por outro lado, se a *micro-história* resgata o cotidiano, há que ter em conta a distinção entre o corriqueiro e o excepcional, não tomando o acidente como usual, nem o fato de cada dia como extraordinário, apenas por ser diferente.

Na expressão de Jacques Revel, há uma descida ao *rés do chão*, desvendando o cotidiano de gente sem importância, a refazer trajetórias de vida que operam como que janelas ou portas de entrada para a compreensão de formas de agir, de pensar e de representar o mundo em uma determinada época.

Nessa medida, há uma nítida opção, por parte desses historiadores da *micro-história*, para o recolhimento de um viés desde baixo, de resgate do popular para a análise da História, da mesma forma que se destaca também a busca de recompor trajetórias individuais. A ênfase no fragmento e no indivíduo aproxima a análise dos significados e do simbólico, pelo estudo das sensibilidades que as palavras, que os discursos e as práticas podem conter. As representações sociais construídas pelos homens do passado seriam surpreendidas no seu nascedouro, por assim dizer.

Trata-se de uma corrente que se propõe um caráter experimental, como um laboratório de experiências, que ensaia o uso de fontes que, entrecruzadas, remetem ao simbólico, à sensibilidade e à representação. Em suma, a *micro-história* busca traduzir o empírico em sensibilidades, na tentativa de resgatar a experiência do vivido, indo do *tempo curto* dos dados de arquivo ao *tempo macro* de uma época dada do passado.

Uma terceira corrente muito atual, que se apresenta nos domínios da História Cultural, seria aquela relativa a uma releitura do político pelo cultural. Às vezes chamada de *Nova História Política*, essa postura resulta do endosso, pelos historiadores do político, dos pressupostos epistemológicos que presidem a análise na História Cultural. Imaginário, representação, a produção e a recepção do discurso historiográfico reformularam a compreensão do político.

Fala-se mesmo em uma História Cultural do Político, mobilizada pelos estudos que se centram em torno do imaginário do poder, sobre a performance de atores, sobre a eficácia simbólica de ritos e imagens produzidas segundo fins e usos do político, sobre os fenômenos que presidem a repartição da autoridade e do poder entre grupos e indivíduos, sobre mitos e crenças que levam os homens a acreditar em alguém ou algo, pautando a ação e a percepção da realidade sobre os mecanismos pelos quais se constroem identidades dotadas do poder simbólico de coesão social.

Neste ponto, cabe mostrar que a História Cultural não exclui a política de suas análises, como apontam alguns de seus críticos. Pelo contrário, o campo do político tem demonstrado ser um dos mais ricos para o estudo das representações, com o que se pode mesmo afirmar que a História Cultural trouxe novos aportes ao político, colocando questões renovadoras e sugerindo novos objetos. Não seria demais falar em uma verdadeira renovação do político, trazida pela História Cultural.

Sobretudo, o uso dos meios de comunicação de massa – lidando com efeitos de verdade e efeitos de real, operando cada vez mais com o fazer crer, com imagens computadorizadas ou discursos distanciados do real, mas que são legitimados e aceitos, com curso de verdade – foi um elemento que pôs na ordem do dia as questões relativas ao imaginário. Mais do que em outros campos, foi possível retornar às mesmas fontes com outros olhos, formulando novas questões.

Sem dúvida, essa história política renovada teve, a rigor, ainda muito a ver com as novas formas assumidas pelos movimentos políticos, fazendo uso da mídia e, cada vez mais, apostando na credibilidade obtida pelas imagens e pelos discursos.

Abandonando formas ainda herdadas de uma tradição positivista, linear, sequencial e causal de análise do político, ou ainda de um viés marxista, a ver a política como manifestação superestrutural de uma infraestrutura socioeconômica, ou ainda mesmo a uma vertente da ciência política, a estudar os comportamentos políticos dos grupos, os partidos e as eleições, o renascimento da história política, a aproximação com a história cultural rendeu bons frutos.

Se a História Cultural visa a atingir as representações, individuais e coletivas, que os homens constroem sobre o mundo, a História Cultural do Político difundiu-se, tendo como uma de suas preocupações centrais a definição de uma cultura política. Esta corresponderia ao conjunto das representações que nutrem um grupo no plano político, ou, como diz Jean-François Sirinelli, uma visão de mundo partilhada, uma leitura comum do passado, uma projeção no futuro a ser vivido em conjunto.

A renovação do campo conceitual-teórico permitiu, ainda, juntar tanto as performances individuais e as análises dos acontecimentos, próprias a um tempo curto, quanto uma história mais global, de movimentos ou estruturas de poder, naquilo que Sirinelli chamaria de fecundidade heurística dessa renovação ou mesmo renascimento do político.

Essas correntes da História Cultural aqui apresentadas não esgotam esses domínios, e pretendem referir-se a tendências amplas, constatadas a partir da publicação de livros e artigos em revistas especializadas, na definição de temas e questões a serem discutidas em congressos e seminários, na produção de teses e de dissertações, ou ainda nas pesquisas feitas ou disciplinas oferecidas nos cursos universitários.

Tais correntes se traduzem em *campos temáticos de pesquisa*, em torno dos quais se agregam os trabalhos de investigação.

Um deles seria o das *cidades*. Já existe uma ampla produção acumulada sobre a cidade, particularmente no que diz respeito a uma abordagem econômico-social. Muito já se escreveu, tanto sob uma perspectiva quantitativa e evolutiva, quanto sob uma abordagem marxista, sobre o fenômeno urbano. Chamamos de perspectiva quantitativa e evolutiva aquele tipo de abordagem sem qualquer outro compromisso teórico maior, empenhada na descrição da história de uma cidade, retraçando a sua evolução, arrolando dados, nomes, retraçando seu crescimento e sua evolução urbanística. Informativas, tais histórias de cidades não estabelecem reflexões maiores sobre o fenômeno da urbanização em si, o que não ocorre dentro de uma abordagem de conotação marxista.

Segundo essa postura, as cidades comparecem como o *locus* da acumulação de capital, como o epicentro da transformação capitalista do mundo. Mesmo assim, a cidade é ainda abordada na sua dimensão espacial: ela é o território onde se realiza um processo de produção capitalista e onde se realizam as relações capitalistas, onde se enfrentam as classes.

Mas a cidade representa o que se poderia chamar de um campo de pesquisa e discussão interdisciplinar: trabalham sobre ela não só historiadores como geógrafos, sociólogos, economistas, urbanistas, antropólogos. O que cabe destacar é a abordagem introduzida pela História Cultural: ela não é mais considerada só como um *locus*, seja da realização da produção ou da ação social, mas sobretudo como um problema e um objeto de reflexão. Não se estudam apenas processos econômicos e sociais que ocorrem na cidade, mas as representações que se constroem na e sobre a cidade. Indo mais além, pode-se dizer que a História Cultural passa a trabalhar com o imaginário urbano, o que implica resgatar discursos e imagens de representação da cidade que incidem sobre espaços, atores e práticas sociais.

A ponte da Europa. Gustave Caillebotte, século XIX (Paris pós-Haussmann).

O imaginário urbano, como todo imaginário, diz respeito a formas de percepção, identificação e atribuição de significados ao mundo, o que implica dizer que trata das representações urbanas. Estas se oferecem como um variado campo de investigação ao historiador. Por exemplo, são objeto de uma História Cultural Urbana as formas pelas quais a cidade foi pensada e classificada ao longo dos tempos, o que poderia lidar com as arquetípicas avaliações da boa e da má cidade.

De um lado, pensadores como Voltaire identificam a cidade como centro de difusão da cultura e da civilização, como forma superior das realizações humanas, núcleo difusor da novidade e do bem-estar da vida; de outro, a cidade comparece como *noir*. Cidade maldita, cidade-pecado, ela é reduto do vício, do perigo, do enfrentamento social, a expor a miséria e a degradação da condição humana, tal como pensou Engels. Mas como analisa Schorske, a cidade produziu também uma forma de qualificação amoral e cética: Baudelaire a celebra como situada acima do bem e do mal, desprezando todas as regras, tal como se configura na modernidade.

A modernidade urbana é, por si só, outra representação que introduz toda uma outra série de apreciações. Tradução sensível da renovação capitalista do mundo, a modernidade, enquanto experiência histórica, individual e coletiva, faz da cidade mais que um *locus*, um verdadeiro personagem. A emergência da cidade moderna e, sobretudo, de Paris como paradigma e mito da metrópole exportável enquanto modelo para o mundo põe em cena uma gama de novas representações. Por exemplo, a transformação da cidade desencadeia uma luta de representações entre o progresso e a tradição: uma cidade moderna é aquela que destrói para construir, arrasando para embelezar, realizando cirurgias urbanas para redesenhar o espaço em função da técnica, da higiene, da estética.

Mas, destruir e remodelar a *urbe* implica julgar aquilo que se deve preservar, aquilo que, em termos de espaço construído, é identificado como ponto de ancoragem da memória, marco de reconhecimento e propriedade coletiva. Lugares de memória, políticas de patrimônio, definições de identidades urbanas são algumas das vias temáticas que se abrem com esse campo de pesquisa.

Uma cidade moderna cria ainda um léxico urbano para nomear e dar significados ao espaço e às gentes. Palavras novas para designar e dar sentido a lugares e às materialidades da *urbe*, e também identidades para definir reconhecimentos de personagens urbanos. Bons e maus lugares, cidadania e exclusão são algumas dessas classificações, mas que podem ser ainda desdobrados em designações legais de enquadramento do urbano, a estabelecer a norma e a transgressão, o público e o privado.

Mas a modernidade urbana propicia também pensar outros tipos de representação: aqueles referentes aos planos e utopias construídos sobre o futuro da cidade, inscrevendo uma cidade sonhada e desejada em projetos urbanísticos. Realizados ou não, eles são a inscrição de uma vontade e de um pensamento sobre a cidade, logo são matéria da história, porque fazem parte da capacidade imaginária de transformar o mundo. Da mesma forma, uma cidade que se transforma se apressa em registrar a memória e o conhecimento daquilo que foi um dia: assim é que se elaboram os mitos das origens, se recolhem as lendas, se constrói uma história da cidade. Assim como pensa o seu futuro, a cidade inventa o seu passado, sempre a partir das questões do seu presente.

Uma cidade é objeto de muitos discursos, a revelar saberes específicos ou modalidades sensíveis de leitura do urbano: discursos médicos, políticos, urbanísticos, históricos, literários, poéticos, policiais, jurídicos, todos a empregarem metáforas para qualificar a cidade. Uma cidade é também objeto de produção de imagens – fotográficas, pictóricas, cinematográficas, gráficas – a cruzarem ou oporem sentidos sobre o urbano. Como fala Ítalo Calvino, uma cidade contém muitas cidades e esse tem se revelado um campo de pesquisa muito amplo no âmbito da História Cultural.

Outro campo de investigação que se apresenta de forma expressiva no âmbito da História Cultural diz respeito às relações entre a *História e a Literatura*.

Para a História Cultural, a relação entre a História e a Literatura se resolve no plano epistemológico, mediante aproximações e distanciamentos, entendendo-as como diferentes formas de dizer o mundo, que guardam distintas aproximações com o real. Clio e Calíope participam da criação do mundo, como narrativas que falam do acontecido e do não acontecido, tendo a realidade como referente a confirmar, a negar, a ultrapassar, a deformar.

São ambas, como se viu e como apresentou Ricœur, refigurações de um tempo, configurando o que se passou, no caso da História, ou o que se teria passado, para a voz narrativa, no caso da Literatura. Ambas são formas de explicar o presente, inventar o passado, imaginar o futuro. Valem-se de estratégias retóricas, estetizando em narrativa os fatos dos quais se propõem falar. São ambas formas de representar inquietudes e questões que mobilizam os homens em cada época de sua história, e, nesta medida, possuem um público destinatário e leitor. Isso tudo diz respeito às aproximações que unem a História e a Literatura.

Jovem mulher lendo. Fragonard, século XVIII.

Por outro lado, há distanciamentos entre uma forma narrativa e outra, colocando-se como a grande questão o já mencionado debate entre verdade e ficção, que discute o estatuto da História: ao admitir o uso de estratégias fictícias, ao endossar que realiza reconstruções do passado e lida com a verossimilhança ou, no máximo, verdades cumulativas e parciais, a História Cultural não estaria se aproximando ou se identificando demais com a Literatura e abrindo mão de seu caráter científico? Já vimos que a resposta dada pela História foi de que ela é uma ficção controlada, seja pelo método, seja pelas fontes, tal como pelo fato de que lida sempre com o acontecido, embora variem as formas de representar aquilo que aconteceu. A História assim é controlada pela relação que estabelece com o seu objeto. Ela tem como meta atingir uma verdade sobre o acontecido, que se aproxime o mais possível do passado.

A nova questão que se abre, e que é central para a definição de estabelecer uma nova e grande corrente de abordagem da História Cultural, é a do uso da Literatura pela História.

Nessa medida, é a História que formula as perguntas e coloca as questões, enquanto a Literatura opera como fonte. A Literatura ocupa, no caso, a função de traço, que se transforma em documento e passa a responder às questões formuladas pelo historiador. Não se trata, no caso, de estabelecer uma hierarquia entre História e Literatura, mas sim de precisar o lugar de onde se faz a pergunta.

Por outro lado, o historiador que se vale da Literatura deve levar em conta que, se a preocupação da pesquisa é a determinação de um fato ou de um personagem do real passado, ou se pretende conferir se algo terá ocorrido de fato, não é a esse tipo de fonte que deve recorrer. Mas, em se tratando da História Cultural, não serão essas as perguntas ou as preocupações.

Se a História Cultural está em busca do resgate das representações passadas, se almeja atingir aquele reduto de sensibilidade e de investimento primário na significação do mundo, a Literatura é uma fonte realmente especial: ela pode dar ao historiador aquele algo a mais que outras fontes não fornecerão.

A Literatura permite o acesso à sintonia fina ou ao clima de uma época, ao modo pelo qual as pessoas pensavam o mundo, a si próprias, quais os valores que guiavam seus passos, quais os preconceitos, medos e sonhos. Ela dá a ver sensibilidades, perfis, valores. Ela representa o real, ela é fonte privilegiada para a leitura do imaginário. Porque se fala disto e não daquilo em um texto? O que é recorrente em uma época, o que escandaliza, o que emociona, o que é aceito socialmente e o que é condenado ou proibido? Para além das disposições legais ou de códigos de etiquetas de uma sociedade, é a literatura que fornece os indícios para pensar como e por que as pessoas agiam desta e daquela forma.

Por outro lado, a Literatura é fonte de si mesma. Ela não fala de coisas ocorridas, não traz nenhuma verdade do acontecido, seus personagens não existiram, nem mesmo os fatos narrados tiveram existência real. A Literatura é testemunho de si própria, portanto o que conta para o historiador não é o tempo da narrativa, mas sim o da escrita. Ela é tomada a partir do autor e sua época, o que dá pistas sobre a escolha do tema e de seu enredo, tal como sobre o horizonte de expectativas de uma época.

Pensemos, pois, algumas modalidades temporais da escrita do texto literário para que possamos apreciar as possibilidades de seu uso pelo historiador. No caso de um texto literário que fale do seu tempo – seja ele a obra de Balzac ou de Machado de Assis –, o historiador sobre ele se debruça a resgatar as sensibilidades, as razões e os sentimentos de uma época, traduzidos esteticamente em narrativa pelo autor. Quando o texto literário fala do passado, construindo-se como um romance histórico – tal como Sir Walter Scott com *Ivanhoé* ou Érico Veríssimo com *O tempo e o vento* –, o historiador não busca nele a verdade de um outro tempo, vendo no discurso de ficção a possibilidade de acessar o passado, mas a concepção de passado formulada no tempo da escritura.

Já no caso da literatura de ficção científica, aquela que fala de acontecimentos situados em uma temporalidade ainda não transcorrida, ela pode interessar ao historiador da cultura, justo se ele estiver interessado em saber como uma época pensava o seu futuro. Por trás de todas essas modalidades de uso do texto literário se encontra a ideia, cara à História Cultural, de que toda época – a época da escritura de um texto – explica o presente, inventa o passado, constrói o futuro!

Mas há ainda outras considerações a serem tomadas, no caso da utilização do texto literário pelo historiador da cultura. Pensemos na estética, no cânone literário, pertinente a tal tipo de escrita na sua avaliação. O valor literário não é um valor absoluto para o historiador, no sentido de que nem só os grandes autores e as grandes obras é que podem ser tomados em consideração. Se o grande escritor detém, como ninguém, a capacidade de estetizar, transpondo em texto as sensibilidades de uma época, ele é, sem dúvida, um leitor privilegiado do social.

Mas, por outro lado, a mediocridade pode ser também reveladora e dizer, por vezes, mais do que a genialidade. Se a preocupação é capturar as sensibilidades de uma cultura popular, ver exatamente aquilo que causava emoção, era apreciado e consumido pelas camadas subalternas ou desprovidas de uma maior ilustração, a literatura de baixa qualidade, mas difundida e vendida em uma determinada época, é fundamental como sintoma a ser levado em conta.

A utilização do texto literário pela História permite levar mais longe o deslocamento da veracidade à verossimilhança, pondo em discussão os efeitos de real e de verdade que uma narrativa histórica pode produzir, tomando o lugar do que teria acontecido um dia. Ao trabalhar com a Literatura como fonte, o historiador se depara, forçosamente, com a necessidade de pensar o estatuto do texto e realizar cruzamentos entre os dois discursos, em suas aproximações e distanciamentos.

Um outro campo de pesquisa da História Cultural diz respeito às *imagens*. Diante de um predomínio ou de uma tradição no uso de fontes escritas, mesmo sendo tão antigas quanto a presença do homem na terra, as imagens são ainda consideradas um campo relativamente novo no âmbito da História.

As três ordens representadas forjando a constituição. França, século XVIII (caricatura da época da Revolução Francesa).

Tal como os discursos, as imagens têm o real como referente, não sendo a sua *mímesis*. As imagens podem, contudo, ser reconhecíveis ou estranhas, na medida em que se propõem reproduzir o real, de forma realista, a representá-lo de maneira cifrada ou simbólica, decompô-lo e transformá-lo, deformando-o. Com o advento dos meios computadorizados, a manipulação da imagem veio mostrar que é possível de tudo com a imagem, pondo entre parênteses o seu valor documental.

Imagens, sejam gráficas ou pictóricas, são reapresentações do mundo elaboradas para serem vistas. Como diz Jacques Aumont, elas não são produzidas senão com esse fim.

Por longo tempo, as imagens foram utilizadas pelos historiadores como ilustração de algo, como paisagem ou retrato que enquadrava um fato ou personagem, ou então, na sua versão pictórica, como expressão superior da cultura em um momento dado, em utilização similar à de uma História da arte.

A redescoberta da imagem pela História deu-se pela associação com a ideia da representação, tal como se deu com relação ao texto literário.

As imagens estabelecem uma mediação entre o mundo do espectador e o do produtor, tendo como referente a realidade, tal como, no caso do discurso, o texto é mediador entre o mundo da leitura e o da escrita. Afinal, palavras e imagens são formas de representação do mundo que constituem o imaginário.

Toda imagem dá a ver, todo texto dá a ler. Mas todo discurso se reporta a uma imagem mental, assim como toda imagem comporta uma mensagem discursiva. Mas, sendo representações do mundo, qual seria o diferencial da imagem com relação ao texto?

A grande questão, pois, é a da alteridade do mundo icônico. As imagens partilham das condições de produção e recepção dos textos ou apresentam uma especificidade? Qual diria mais sobre o real referente, qual teria mais impacto e poder de recepção?

Esta, a rigor, não é ainda uma questão resolvida. Ao pensar essa questão, Georges Duby refletia que, na escrita, é mais fácil dizer e não dizer. Na revelação ou no ocultamento de sentidos, o discurso favorece as digressões e as indecisões, registra silêncios e oferece lacunas, tal como a retórica que expõe a argumentação desejada é quase infinda nas suas estratégias de convencimento.

Já com a imagem, se poderia dizer que o grau de percepção do conjunto, dada a exposição visual do todo, se dá de maneira mais rápida, quase imediata, ao passo que o texto pressupõe o tempo de leitura com todas as suas operações lógicas de compreensão. Mas qual das duas representações teria poder de fixação maior? Aquela que se vale do poder da exposição enquanto imagem e do impacto visual que oferece?

Qual cativa mais o espectador? Seria talvez a imagem, pelo aludido impacto visual, mas como se daria a liberação do potencial imaginário do leitor? Qual forma de representação permite maior evasão e realiza maiores conexões entre a representação fornecida e o referente que representa?

Por outro lado, não se pode esquecer que a imagem, para ser lida, possui códigos especiais, espécies de ícones ou signos que remetem a uma lógica de significados para uma época dada. Assim, a semiótica se propõe enfrentar essa leitura cifrada da imagem, que por sua vez remete o leitor a um conhecimento em paralelo daquilo que está contido na imagem. Mas, isso não poderia, também, ser aplicado ao texto, com um elenco de significados codificados para as palavras, obrigando ao conhecimento dos registros linguísticos de uma época dada?

A discussão poderia ser ainda levada a outros caminhos, como, por exemplo, o efeito de real: qual a que convence mais, qual a representação que leva o historiador para um outro tempo?

Ou, redirecionando as questões, qual teria mais força de mobilização? Discursos podem mesmo estar na base de movimentos sociais e de produzir revoluções, mas as imagens são dotadas de alto poder mobilizador, como verdadeiros ícones prenhes de significado e que impulsionam a ação. A rigor, se reconhece a força de imagem, como comenta Louis Marin, pelos seus efeitos: pelo seu poder de ação, de mobilizar autores, de gerar ações, pela visibilidade de seus efeitos sobre corpos e mentes.

De Gombrich a Panofsky ou Haskell, várias são as estratégias que se apresentam ao historiador para a leitura da imagem.

A imagem possui uma função epistêmica, de dar a conhecer algo, uma função simbólica, de dar acesso a um significado, e uma estética, de produzir sensações e emoções no espectador. Mas se esse espectador é um historiador, ele deve ter uma pergunta a fazer a essa imagem, e vai tomá-la como representação, ou seja, como traço ou fonte que se coloca no lugar do passado a que se almeja chegar.

A partir desse momento, a imagem, enquanto registro de algo no tempo, é testemunho de época, mas testemunho também de si própria, tal como o texto literário, ou seja, cabe atingir o momento de sua feitura, e não a temporalidade do seu conteúdo ou tema. Em suma, ver como uma época se retrata ou retrata o passado, se for o caso, ou ver, na imagem, quais os valores e os sentimentos que se busca transmitir, quais os sonhos e fantasias de um tempo dado, ou quais os valores e as expectativas do social com relação aos atores.

Assim, a imagem tem, para o historiador, sem dúvida, um valor documental, de época, mas não tomado no seu sentido mimético. O que importa é ver como os homens se representavam, a si próprios e ao mundo, e quais os valores e conceitos que experimentavam e que queriam passar, de maneira direta ou subliminar, com o que se atinge a dimensão simbólica da representação. Trabalhos como os do historiador Serge Gruzinski a propósito das imagens na hispano-América são uma prova da fecundidade desses estudos.

Segundo Panofsky, há um momento de reconhecimento iconográfico de leitura da imagem, quando, no caso em pauta, o historiador se depara com ela: há que registrar o que se vê, primeiro plano e também o segundo, o fundo de tela, os detalhes, os acessórios, a paisagem e o entorno, os elementos secundários, enfim, que tal como no método indiciário levarão a imagem a falar e revelar significados, identificando mensagens e motivações. Implica uma leitura dos temas e significados que trazem as formas expostas na imagem. Já em uma segunda etapa, a iconológica, se atingiria o significado intrínseco ao conteúdo simbólico, ao significado intrínseco de uma época, princípios subjacentes que levam a atitudes emocionais, a sensibilidades sinais de um momento histórico dado, marcando a passagem para o âmago do clima cultural de uma época. Nessa medida, o historiador sai realmente da imagem para recorrer ao seu capital específico de conhecimentos que lhe permitirão, por sua vez, retornar à imagem para chegar a uma forma de interpretação mais elevada.

Tal como no texto, é preciso ter em conta que é o espectador leitor de cada época que faz a imagem. Como diz Gombrich, há um sistema de expectativas no social e, não sendo o olhar fortuito ou neutro, o espectador supre o não revelado, atinge ou distorce o insinuado ou pretendido, chega mesmo a inventar significados. Isso, sem dúvida, é um campo que se abre ao historiador, a pensar na recepção das imagens e seu tempo de produção.

Da pintura ao cinema, da história em quadrinhos à fotografia, do desenho à televisão, tais imagens povoam a vida e a representam, oferecendo um campo enorme às pesquisas dos historiadores. Que dizer, então, do teatro, que não só dá a ver como dá a ler, além de encenar, ao vivo e em cores, aquilo que apresenta ao espectador?

As *identidades* são, pelo seu lado, um outro campo de pesquisa para a História Cultural. Enquanto representação social, a identidade é uma construção simbólica de sentido, que organiza um sistema compreensivo a partir da ideia de pertencimento. A identidade é uma construção imaginária que produz a coesão social, permitindo a identificação da parte com

O 28 de julho de 1830. A Liberdade guiando o povo.
Eugène Delacroix, século XIX.

o todo, do indivíduo frente a uma coletividade, e estabelece a diferença. A identidade é relacional, pois ela se constitui a partir da identificação de uma alteridade. Frente ao eu ou ao nós do pertencimento se coloca a estrangeiridade do outro.

O que é importante considerar não é a constatação da diferença, fenômeno que, por si só, é um dado posto pela diversidade racial, étnica ou de organização social entre os homens, mas sim a maneira pela qual se constrói pelo imaginário essa diferença.

Para a elaboração identitária, que cria o sentimento partilhado de pertencer a um grupo dado, as identificações se dão a partir do defrontamento com o outro, identificações de reconhecimento estas que podem ou não guardar relações de proximidade com o real. As representações de identidade são sempre qualificadas em torno de atributos, características e valores socializados em torno daqueles que integram o parâmetro identitário e que se colocam como diferencial em relação à alteridade.

As identidades são múltiplas e vão desde o eu, pessoal, construtor da personalidade, aos múltiplos recortes do social, fazendo com que um mesmo indivíduo superponha e acumule, em si, diferentes perfis identitários. Estes não são, a rigor, excludentes por si mesmos, nem forçosamente atingem uma composição harmônica e sem conflitos nessa espécie de rede poli-identitária que cerca o indivíduo.

Assim, há uma modalidade identitária que diz respeito aos recortes de território, mas que extrapola, em seus significados, as divisões político-administrativas. Modalidades referentes ao espaço são aquelas que dizem respeito às realidades do plano continental, nacional, regional ou mesmo citadino. Mas as identidades podem se dar ainda com relação a recortes temporais, quando se atribuem lógicas de sentido e pertencimento a momentos ou épocas precisos. Conferem-se atribuições específicas para valoração e atribuição de sentido ao passado – antigo, clássico, moderno, contemporâneo –, que permitem a identificação.

A elaboração dos mitos de origens vai ao encontro das identidades nacionais, compondo conjuntos de referência para as raízes de um povo. Como desdobramento de tais processos, delineiam-se estereótipos e uma espécie de *check-list* identitária, no dizer de Anne-Marie Thiesse, em que se relacionam pais ancestrais, datas memoráveis, fatos históricos, lugares de memória, mitos, ritos e práticas alusivas à nação, à música, à comida e à festa nacional, aos trajes típicos. As identidades são, no caso, ficções criativas que situam o indivíduo no espaço, no tempo, no social, mesmo no mundo.

As identidades podem dar conta dos múltiplos recortes do social, sendo étnicas, raciais, religiosas, etárias, de gênero, de posição social, de classe ou de renda, ou ainda então profissionais.

Como integrantes do imaginário social, as representações identitárias são matrizes de práticas sociais, guiando as ações e pautando as apreciações de valor. Elas se traduzem, pois, não apenas em performance de atores, mas em discursos e imagens, cumprindo alguns a função de verdadeiros ícones de sentido, altamente mobilizadores.

A identidade se constrói em torno de elementos de positividade, que agreguem as pessoas em torno de atributos e características valorizados, que rendam reconhecimento social a seus detentores. Assumir uma identidade implica encontrar gratificação com esse endosso. A identidade deve apresentar um capital simbólico de valoração positiva, deve atrair a adesão, ir ao encontro das necessidades mais intrínsecas do ser humano de adaptar-se e ser reconhecido socialmente. Mais do que isso, a identidade responde, também, a uma necessidade de acreditar em algo positivo e a que o indivíduo possa se considerar como pertencente. Enquanto construção imaginária de sentido, as identidades fornecem como que uma compensação simbólica a perdas reais da vida. Identidades gloriosas confortam e suprem carências na vida social e material, por exemplo.

A alteridade, por sua vez, se revela por também diferentes formas: os outros são, também, muitos, e podemos conviver com eles em termos de admiração ou emulação, de sedução e desejo, de estranhamento e distância ou, no seu caso-limite, em termos de negação. Nesse caso, estaríamos diante da modalidade perversa da alteridade. A exclusão é, no caso, condição atribuída, que nasce do gesto, da palavra e do olhar de quem designa o outro. Ela se faz acompanhar da rejeição, do estigma e do preconceito, negando um lugar social de reconhecimento a este outro. Os excluídos, por seu lado, podem experimentar processos reativos a esse fenômeno, articulando identidades próprias, face ao mundo dos incluídos que os rechaça.

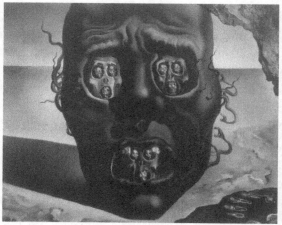

O rosto da guerra. Salvador Dali, século XX.

Mesmo que se possa dizer que, em um mundo globalizado, tais recortes de pertencimento, nacionais ou locais, possam deixar de ter sentido, em detrimento de outras realidades macroagregadoras, a história recente tem mostrado um recrudescimento de localismos e aspirações de reconhecimento de grupos e minorias. Da mesma forma, a questão dos excluídos é um dado posto pelo mundo atual, pressionando não só o debate sobre o tema como reflexões acerca da presença de tais categorias no imaginário social que os homens construíram para si ao longo da História. Nessa medida, esse dado contemporâneo repõe, para o historiador, o interesse pelo estudo de tais questões, sobretudo sobre a eficácia simbólica das representações nos movimentos sociais de hoje.

Nesse ponto, cabe referir mais um campo de pesquisa para os historiadores atuais que se insere também dentro da abordagem cultural da História: referimo-nos à *História do tempo presente*. Ora, tal campo implica tomar esta História na qual os acontecimentos estão ainda a se desenvolver. Trata-se de uma História ainda não acabada, em que o historiador não cumpre o seu papel de reconstruir um processo já acabado, de que se conhecem o fim e as consequências. Não se trata, pois, da construção *ex-post* de algo que ocorreu por fora da experiência do vivido, pois o historiador é contemporâneo e, de certa forma, testemunha ocular de um processo que ainda se desdobra e do que não se conhece o término.

Sem dúvida, tal História em curso, da qual o historiador é espectador e/ou participante, comporta riscos, como, por exemplo, o do envolvimento direto, com todo o curso de paixões e posicionamentos que acarreta, a prejudicar a distância que ele deve guardar com relação a seu objeto. Essa ausência de distanciamento histórico, que coloca o historiador no centro do processo vivido e que deve ser o objeto de sua narrativa, pode torná-lo míope para avaliar aquilo que vive. Por outro lado, se as conclusões de um historiador sobre um fato ou contexto devem ser admitidas sempre como versões sobre uma temporalidade transcorrida, neste caso da História do tempo presente as conclusões são temerárias, pois o processo se encontra ainda em curso.

De certa forma, este campo de pesquisa da História Cultural comparece como uma nova forma dos estudos sobre movimentos sociais ou sobre a história política contemporânea, iluminados pelos conceitos que presidem a abordagem da cultura. Questões relativas à força das imagens e dos discursos na composição de um imaginário mobilizador são fundamentais para que os pesquisadores se voltem para tais processos em curso. Estes correspondem a uma espécie de laboratórios, ao vivo, da construção e da aplicabilidade das representações sociais que se apresentam aos olhos do historiador. A título de exemplificação, o Movimento dos Sem Terra é um desses objetos que se apresentam à pesquisa. Movimento social que se encontra em curso, que não está acabado, nem dele se prevê o desfecho, o MST possui uma riqueza simbólica e uma capacidade de mobilização política apreciável, tornando-se um objeto da História Cultural.

Mais um campo de pesquisa que se apresenta à História Cultural é aquele que diz respeito *à Memória e Historiografia*. Este é, a rigor, um campo derivado, de forma especial, da corrente que discute a escrita da História, realizando aproximações com a Memória.

História e Memória são representações narrativas que se propõem uma reconstrução do passado e que se poderia chamar de registro de uma ausência no tempo.

Enquanto representação, a Memória permite que se possa lembrar sem a presença da coisa ou da pessoa evocada, simplesmente com a presença de uma imagem no espírito e com o registro de uma ausência dada pela passagem do tempo. Há uma modalidade da Memória, chamada por Aristóteles de *mneme*, que diz respeito à presença involuntária de tais imagens do passado no espírito, que surgem por evocação espontânea ou que podem ser despertadas por um ato ou objeto que, reproduzindo uma experiência e uma sensação, permitam fazer aflorar uma lembrança. Nessa medida, a *mneme* aristotélica aproxima-se da memória involuntária proustiana, apresentada na clássica passagem da *madeleine*.

Mas, ao lado dessa modalidade, há uma outra Memória, a *anamnese*, que vem a ser o trabalho de busca, de intenção deliberada na recuperação das lembranças. A *anamnese* é a memória voluntária, na qual existe um empenho de recuperar, pelo espírito, alguma coisa que tenha ocorrido no passado. O final desse processo de rememoração seria dado pelo reconhecimento, por aquele que rememora, da certeza do acontecido: foi ele, foi lá, foi então, foi assim. O reconhecimento se opera por um ato de confiança, que confere veracidade à rememoração.

Para o historiador que trabalha com a Memória, seja por meio dos registros escritos desta, transformados em narrativas de cunho memorialístico, seja pelo recolhimento ao vivo, pela oralidade, das lembranças daquele que rememora, há que levar em conta as múltiplas mediações nesse processo.

Em primeiro lugar, o *gap* da temporalidade transcorrida entre a época em que teve lugar o acontecimento evocado e o momento em que se dá a evocação, ou seja, entre o tempo do vivido e o tempo do lembrado e narrado. O indivíduo que rememora amadureceu durante esse intervalo, ele reelabora o que viveu a partir do tempo transcorrido, no qual absorveu as decorrências da situação outrora experimentada. Aquele que lembra não é mais o que viveu. No seu relato já há reflexão, julgamento, ressignificação do fato rememorado. Ele incorpora não só o relembrado no plano da memória pessoal, mas também o que foi preservado ao nível de uma memória social, partilhada, ressignificada, fruto de uma sanção e de um trabalho coletivo. Ou seja, a memória individual se mescla com a presença de uma memória social, pois aquele que lembra, rememora em um contexto dado, já marcado por um jogo de lembrar e esquecer.

E, neste ponto, cabe dizer que a contrapartida da Memória é o esquecimento. Não é possível tudo lembrar, pois a Memória é seletiva, tal como a matéria do esquecimento também é objeto de processos que ultrapassam a escala do inconsciente. Por outro lado, se formos ter em conta esta mescla que se processa entre memória individual e memória coletiva, há que pensar que as pessoas são ensinadas a lembrar e a esquecer, fazendo com que determinados acontecimentos não sejam considerados importantes ou mesmo que não tenham acontecido.

A questão colocada por Paul Ricœur e já antes enunciada é de que à História, esta outra forma de representação do passado, ficaria negada esta pequena alegria, reservada à Memória, que é o reconhecimento ou a confirmação da autenticidade da lembrança e da veracidade da matéria da evocação. O historiador, em princípio, não esteve lá na tal temporalidade transcorrida do passado. Sua reconstrução narrativa do acontecido opera sempre como um *ser como*, um *teria sido*, aproximativo e verossímil, mas que representa um problema para a disciplina, pois o público leitor espera sempre da História um relato verdadeiro.

Nessa medida, ao estudar a Memória, não há como não aproximá-la da História, ao pensar as aproximações e distanciamentos entre as duas formas de representação do passado e suas maneiras de relacionar-se com o real. A História apresenta, diz Ricœur, uma problemática específica de representação, para cumprir este pacto com a verdade do acontecido, próprio da disciplina.

Dessa forma, o campo de pesquisa se abre para o estudo de como, ao longo dos tempos, os historiadores construíram suas narrativas de reconstrução das temporalidades passadas, à luz destas questões que se encontram no âmago da História Cultural: escrita e leitura, ou ficcionalização narrativa do passado e horizonte de expectativas do plano da recepção; formas de aproximação com o referente ou maneiras de testagem e verificação do texto com o real.

Explicitadas algumas das principais correntes e campos de pesquisa da História Cultural, cabe dizer que o espectro das *fontes* se revela quase infinito. Uma ideia na cabeça, uma pergunta suspensa nos lábios, o mundo dos arquivos diante dos olhos e das mãos. Nessa medida, tudo pode vir a tornar-se fonte ou documento para a História, dependendo da pergunta que seja formulada.

Fontes tradicionais ou antigas, como relatórios, correspondência oficial, anais do poder legislativo, mensagens de governador, legislação e códigos de posturas, discursos de políticos, bastante utilizados por outras abordagens, podem agora sofrer novas leituras. No plano ainda da documentação oficial, certos tipos de fonte, como processos criminais, registros policiais, livros de entrada da Casa de Correção, do Hospício ou da Santa Casa aparecem diante do historiador como muito ricos para a análise, se se tratar da análise das representações construídas a partir da exclusão social.

Mas, no plano da documentação não oficial, se situam outras fontes, como as crônicas de jornal, os almanaques e revistas, os livros didáticos, os romances, as poesias, os relatos

Retrato do judeu errante. França, século XVIII.

de viajante, as peças teatrais, a música, os jogos infantis, os guias turísticos, todos os materiais relativos às sociabilidades dos diferentes grupos, em clubes, associações, organizações científicas e culturais. Tal documentação, riquíssima, é complementada por aquelas fontes saídas do âmbito do privado: correspondência, diários, papéis avulsos, livros de receitas.

No plano das imagens, cartazes de propaganda, anúncios de publicidade, fotografias, mapas e plantas, caricaturas, charges, desenhos, pinturas, filmes cinematográficos, tudo se oferece ao historiador, que não se limita mais ao domínio das fontes textuais. Das imagens às materialidades do mundo dos objetos, o Historiador da Cultura se dispõe a fazer as coisas falarem. Casas, prédios, monumentos, traçados das ruas, brinquedos apontam no sentido de que as coisas materiais são detentoras de significados e se prestam à leitura.

Os exemplos são muitos, pois fontes são marcas do que foi, são traços, cacos, fragmentos, registros, vestígios do passado que chegam até nós, revelados como documento pelas indagações trazidas pela História. Nessa medida, elas são fruto de uma renovada descoberta, pois só se tornam fontes quando contêm pistas de sentido para a solução de um enigma proposto. São, sem dúvida, dados objetivos de um outro tempo, mas que dependem do historiador para revelar sentidos. Elas são, a rigor, uma construção do pesquisador e é por elas que se acessa o passado.

Caso contrário, são apenas traços de um outro tempo, material velho, na melhor das hipóteses, vestígios de algo antigo, e, por isso, sempre interessantes, a estabelecer a estranheza do diferente diante da contemporaneidade... Mas, sem a questão posta, sem a formulação do problema, não serão fonte, na acepção íntima do termo: nascente, aquilo que origina ou produz, o que, no caso da História, propicia uma resposta, uma explicação e uma interpretação.

CAPÍTULO VI

Uma difusão mundial:
a História sem fronteiras

Há, por vezes, uma errônea identificação: a de que a História Cultural seja uma corrente francesa de fazer História. Fruto, talvez, da força da tradição da Escola dos *Annales*, da difusão mundial de alguns de seus autores, do espaço que ocupam na mídia, o certo é que por vezes se confunde a História Cultural com a Nova História, expressão cunhada por Jacques Le Goff para a historiografia dos *Annales* no final da década de 1970.

Mas, embora levando em conta o papel de proa dos historiadores franceses, a História Cultural pode ser considerada, hoje, uma História sem fronteiras, com difusão mundial.

Sem dúvida, a França teve um papel primordial, o que pode ser demonstrado pela recorrência a autores franceses no que chamamos de a arqueologia da História Cultural ou na definição do novo patamar epistemológico que acompanha a nova abordagem, sejam eles historiadores, filósofos ou sociólogos. Desde a primeira geração dos *Annales*, com Lucien Febvre, Marc Bloch ou Braudel, passando às gerações posteriores, com Georges Duby, Jacques Le Goff ou Paul Veyne, a França tem sido representada por um grupo expressivo de historiadores que, de certa forma, foram inovadores nos domínios da História, como Roger Chartier, François Hartog, Serge Gruzinski, Arlete Farge, Anne-Marie Thiesse, Frédérique Langue.

A esses nomes se acrescentariam os daqueles que, sem ser historiadores, foram interlocutores ou forneceram base de reflexão teórica para o surgimento da História Cultural, como Michel Foucault, Paul Ricœur ou Pierre Bourdieu.

Da França para o mundo? Não teria se dado dessa forma tão unilateral. Jacques Revel, na introdução da obra de Giovanni Levi, e também em artigo da revista francesa *Sciences Humaines,* de 1997, fala de um *vento* que soprava da Itália. Referia-se à experiência dos estudos da *micro-história,* que teriam se desenvolvido entre os historiadores italianos e que, a seu ver, também se realizavam na França. Nomes como o muito conhecido Carlo Ginzburg, como Giovanni Levi, Edoardo Grendi ou Carlo Poni haviam renovado os quadros de uma História Social que se revelava pouco explicativa diante da complexidade do real, optando por uma redução de escala que potencializa a explicação e a análise.

De forma por certo equivocada, por vezes se associa a renovação da historiografia italiana a uma espécie de braço da historiografia francesa. Sem dúvida que os contatos foram intensos, dentro de uma comunidade acadêmica internacional, mas tais interlocuções não podem ser reduzidas a uma ideia de que a França seja a matriz que explica toda a renovação que possa advir de outros países. O que seria mais certo a considerar é que essa comunidade acadêmica internacional participa toda, sob diferentes formas e cores locais, de um movimento amplo, marcado pela insatisfação com os modelos explicativos da realidade e divulgado mundialmente como crise dos paradigmas, que acabaram por delinear os rumos da História Cultural. O que, contudo, não se pode negar, é que a França tenha sido um polo agregador dessa discussão, ou uma espécie de ponto obrigatório de passagem para todos aqueles que discutiam os novos rumos da História.

Da mesma forma, dentro da Grã-Bretanha, a tendência conhecida como sendo de neomarxismo inglês e representada, fundamentalmente por Edward P. Thompson e Raymond Williams, realizava uma reviravolta teórica dentro dos próprios quadros do marxismo, passando a trabalhar com a cultura. Nem todos os que vieram depois, contudo, preservaram os pressupostos de fundo marxista para a análise. O mundialmente conhecido Peter Burke é, hoje, o mais expressivo dos historiadores ingleses dentro da História Cultural.

Nos Estados Unidos, figuras de renovação no tratamento da História, a pensar a construção de códigos, valores e sentidos culturais ao longo da História, foram Robert Darnton, Natalie Davis e Lynn Hunt, entre os historiadores, ou Marshall Berman, na ciência política, a discutir a modernidade por meio de uma leitura literária. Sem falar de outros nomes que levaram mais longe as rupturas com os velhos paradigmas, como Hayden White e outros intelectuais do *linguistic turn*, como Dominick LaCapra, os contatos dos Estados Unidos com a Europa foram intensos.

Mas há, ainda, a Alemanha, que contava, nos seus nomes do passado, com pensadores do porte de Walter Benjamin ou Norbert Elias, continuados por Reinhardt Koselleck, e que propunham um novo olhar sobre a História; fantasmagorias e representações sociais, sensibilidades e sociabilidades aprendidas em seus códigos e sentidos culturalmente construídos, uma nova compreensão do tempo histórico, tal como era construído pelos historiadores; tais foram, *grosso modo*, alguns dos *insights* e ideias dos pensadores alemães que afluem para a mesma abordagem da História Cultural: era preciso pensar o mundo por um novo olhar, resgatando as construções sociais sobre o mundo elaboradas pelos homens em todas as épocas.

De Portugal, excelentes estudos como os de Fernando Catroga e Luís Torgal sobre a memória ou sobre a escrita da História vêm mostrar que a História Cultural tem vigência forte em outros centros acadêmicos, tais como os estudos da história cultural da política, levada a efeito por Maria Nuela Tavares Ribeiro.

Mas os estudos da História Cultural não se restringem à Europa. Na América do Sul, há que referir a produção argentina, por exemplo, tal como a historiográfica brasileira, a mostrar uma História sem fronteiras. Na Argentina, há que citar os trabalhos de Sandra Gayol e Pablo Vagliente, sobre sociabilidades e sensibilidades no contexto urbano, tal como Marta Madero sobre a escrita.

Não será demais lembrar que, no Brasil, já nos anos 30 do século XX, pensadores como Gilberto Freyre e Sérgio Buarque de Holanda se apresentaram com uma postura *avant la lettre* para o seu tempo. *Casa Grande & Senzala*, publicado por Gilberto Freyre, em 1933, e *Raízes do Brasil*, publicado por Sérgio Buarque de Holanda, em 1936, marcaram uma perspectiva culturalista na maneira de abordar a realidade brasileira e de repensar a identidade nacional. Na inspiração de Franz Boas, Gilberto Freyre deu a ver a riqueza de significados da vida material para o entendimento da cultura de um povo. No cotidiano da vida, nas sociabilidades da vida privada, Freyre resgatou as mentalidades e sensibilidades do passado, em obra surpreendente e que, por longo período, foi relegada a um segundo plano pela intelectualidade brasileira, uma vez que se colocava contra uma análise marxista das relações sociais vigentes no período escravocrata. Foi preciso que a História Cultural desabrochasse no país, ao longo dos anos 90, para que sua obra fosse retomada e submetida a uma nova leitura. Por seu lado, Sérgio Buarque de Holanda, escrevendo na inspiração de correntes culturalistas alemãs, entre outras, deu a ver uma forma renovadora de pensar o Brasil, mostrando também sensibilidades, maneiras de ser, traços de caráter e heranças do iberismo luso a traduzirem-se na alma brasileira. Menos relegada que a obra de Freyre, tendo em vista a sua inserção na academia, particularmente paulista, com o advento da História Cultural, sua produção historiográfica e de crítica literária passou também por uma releitura.

Qual seria, contudo, o *estado da arte* da historiografia brasileira com relação à História Cultural? Entendamos, contudo, que apontar nomes que, no nosso entender, trabalham nesse campo historiográfico não implica taxar com um rótulo definitivo tais pesquisadores, de uma produção muito variada e, sobretudo, regionalizada. Mesmo que a Associação Nacional de História abrigue um Grupo Nacional de Trabalho de História Cultural, talvez o mais conveniente seja agregá-los por campos temáticos de pesquisa, divisando aqueles que, a nosso ver, trabalham com os pressupostos que aqui identificamos como pertencentes à História Cultural. Por outro lado, as classificações, mesmo de uma identificação temática, não são rígidas ou exclusivas. Quem trabalha com memória, por exemplo, pode autodefinir-se como pesquisador que investiga identidades, ou então que se envolve com a história e a literatura. Tendo em vista ainda a extrema diversidade dos temas e a concentração regional de pesquisas, há sempre o risco de deixar de citar pesquisadores e estudos importantes em uma espécie de *inventário* desse tipo...

Trabalhando com o imaginário e com as representações sociais que dão sentido ao mundo, a partir da abordagem pioneira de José Murilo de Carvalho (UFRJ), estudos têm sido levados a efeito por Sandra Pesavento (UFRGS), Laura de Mello e Souza e Mary Del Priore (USP), Ronaldo Vainfas (UFF), Tânia Navarro Swain e Sônia Lacerda (UnB).

A partir de tais referenciais teóricos, vários pesquisadores se têm dedicado a trabalhar com as relações entre a História e a Literatura. Caberia citar o Grupo Cliope, formado desde 1994, de natureza interdisciplinar, interinstitucional e internacional, e que vem realizando leituras cruzadas de textos exemplares da História e da Literatura Brasileira. Com número restrito de membros, ele agrega pesquisadores nacionais e estrangeiros, como Sandra Pesavento, Antonio Dimas, Jacques Leenhardt, Chiara Vangelista e Ettore Finazzi-Agró.

Em desdobramento desses estudos, que trabalham com o texto, pensando a escrita e a leitura, a retórica e a recepção, podem ser citados os trabalhos de Andréa Daher (UFRJ), Carla Rodeghero (UFRGS), e Luís Carlos Villalta (UFMG), cabendo a Marieta Moraes Ferreira (CPDOC/FGV), Janaína Amado (UnB) e José Carlos Sebe Bom Mehy análises sobre a oralidade.

Entendendo a escrita da História como representação sobre o passado, destacam-se os trabalhos em torno da Historiografia e da Memória. No campo temático da memória, cabe referir a contribuição de Eliana Dutra (UFMG), Edgar De Decca (Unicamp), Loiva Otero Félix (UPF) e Antonio Torres Montenegro (UFPE).

Dentre os trabalhos que analisam as relações entre a história e a literatura, ou entre a história e a ficção, destacam-se Márcia Abreu (UNICAMP), Sandra Pesavento (UFRGS), Maria Teresa da Cunha (UDESC), Mônica Pimenta Velloso (Casa Ruy Barbosa); Cléria Botelho da Costa (UNB), Charles Monteiro (PUCRS), Durval Muniz de Albuquerque Junior (UFRN).

Sobre as diferentes linguagens por meio das quais se manifesta a História, visuais, corporais, imagéticas, sonoras, cabe citar os estudos sobre teatro de Rosangela Patriota (UFU), Antonio Herculano Lopes (Fundação Casa Ruy Barbosa), Maria Luiza Martini (UFRGS); sobre cinema, de Sheila Schvarzman (CONDEPHAAT), Alcides Ramos (UFU) e Miriam Rossini (UFRGS); sobre música, de Arnaldo Contier (Univ. Mackenzie), Maria Izilda Matos (PUCSP), Marcos Napolitano (UFPR) e Márcia Oliveira (UDESC); sobre as artes plásticas, de Jorge Coli (Unicamp), Cláudia Fay (PUCRS) e Maria Bernardete Ramos (UFSC); sobre charges e caricatura, Isabel Lustosa (Fundação Casa Ruy Barbosa) e Elias Thomé Saliba (USP); sobre medicina e loucura, de Nadia Maria Weber Santos (EST) e Yonissa Wadi (UNIOESTE); sobre imagens, de Solange Ferraz de Lima (USP), Charles Monteiro (PUCRS), Sandra Pesavento (UFRGS).

No panorama dos temas que se apresentam na historiografia brasileira contemporânea não poderia faltar a temática da cidade, analisada sob a ótica da História Cultural. Esse campo tem sido trabalhado por Maria Stella Bresciani (Unicamp), Sandra Pesavento (UFRGS), Robert Pechman (IPPUR), Charles Monteiro (PUCRS), entre outros, a analisar as representações sociais do urbano constituídas sobre espaços, atores e sociabilidades: tais abordagens do urbano se complementam por aqueles que trabalham com o patrimônio e a memória, como os de Márcia Chuva (IPHAN). Sobre sociabilidades e festas há que citar Maria Bernardete Ramos (UFSC), Geraldo Mártires Coelho (UFPa) e Jaime de Almeida (UnB).

Vários outros temas poderiam ser agregados em torno de uma construção simbólica de pertencimento, envolvendo práticas e representações específicas: seriam esses os estudos sobre etnia e escravidão, de Sílvia Lara e Sidney Chalhoub (Unicamp), João Reis (UFBA), Eduardo Silva (Fundação Casa Ruy Barbosa), Flavio Gomes (UFRJ), Eduardo França Paiva (UFMG), Paulo Roberto Staudt Moreira (UNISINOS); os trabalhos a respeito da identidade religiosa, como os de Artur César Isaía (UFSC); nos estudos de gênero, salientam-se os trabalhos de Maria Izilda Matos (PUCSP), Joana Maria Pedro (UFSC), Margareth Rago (Unicamp), Raquel Soihet (UFF) e Eni Mesquita Samara e Mary Del Priori (USP); enquanto que no tratamento da identidade nacional brasileira, comparecem os trabalhos de Affonso Carlos Marques dos Santos (UFRJ), Lúcia Lippi (CPDOC/FGV), José Murilo de Carvalho (UFRJ) e Lília Moritz Schwarcz (USP) .

Por último cabe destacar os recentes estudos sobre as sensibilidades, através dos autores Durval Muniz de Albuquerque Junior (UFRN), Marina Haizenreder Ertzogue (UFT); Monica Pimenta Velloso (Fundação Casa de Ruy Barbosa), Sandra Pesavento (UFRGS); Maria Stella Bresciani (UNICAMP); Márcia Naxara; (UNESP)Temis Gomes Parente (UFT).

Entendamos, pois, que essa citação de autores que, no nosso entender, trabalham com a História Cultural, não é completa e não esgota o panorama historiográfico desta corrente.

CAPÍTULO VII

Os novos parceiros da História: nas fronteiras do conhecimento

Por longo tempo, a História teve alguns parceiros privilegiados, dependendo do viés de abordagem vigente. Assim, eles puderam ser a Heráldica, a Diplomática ou a Geografia, que, como ciências auxiliares, serviam a Clio, a rainha das ciências. Na época do predomínio da vertente marxista, eram a Sociologia, a Ciência Política e a Economia que davam conta do diálogo com a História, mas em uma posição inversa, de maior prestígio dessas ciências de Clio que, para ascender a um *status* melhor, deveria despojar-se de seu empirismo em nome de modelos globais de explicação.

Essas são, no caso, tendências, pois não é possível reduzir toda a produção histórica deste momento a essa generalização. Os estudos em arquivo e o manuseio de fontes primárias também se deram entre uma história marxista, na realização de pesquisas que, aplicando o referencial teórico aos dados do empírico, foram também, do texto ao contexto, possibilitadores de resolução das perguntas que se faziam os intelectuais nesse momento.

Com o advento da História Cultural, novos parceiros surgem, em função das questões formuladas, das temáticas e objetos novos, das também renovadas fontes com as quais o historiador passa a trabalhar. Mas agora pode-se mesmo falar de um novo enfoque, que joga a História nas fronteiras do conhecimento.

A História Cultural já opera nas fronteiras do conhecimento quando se situa no limiar entre verdade e ficção, entre real e não real, enfocando o imaginário como uma instância para além dessas distinções. Mas a situação de fronteira se dá também na pluri ou mesmo na transdisciplinaridade que se revela na escolha de temas e objetos, que implica aventurar-se por outros caminhos para além daqueles já trilhados pelo historiador.

Quando o historiador passa a trabalhar com imagens, como aquelas da pintura, isso implica dizer que deverá ter um *plus* de conhecimento para fora dos domínios de sua área? Se trabalha a loucura e a subjetividade, deverá habilitar-se a entender da Psicanálise? E quando abordar o texto literário, exige-se ou não desse historiador a postura e o conhecimento de um crítico da Literatura?

Recuando no tempo, pode-se dizer que tais perguntas poderiam ter sido colocadas no momento em que o historiador dialogava com seus parceiros da Sociologia ou da Economia: deveria ele, nesses casos, ser economista e sociólogo, para colocar-se à altura do diálogo pretendido?

Mas a questão pode nos conduzir também a um outro patamar de reflexão: qual seria, no caso, o domínio ou terreno pertencente à História? Se o social pertence ao sociólogo; se a economia, ao economista; o político ao cientista político; as sociabilidades ou identidades, ao antropólogo; chegaríamos ao ponto de afunilar este canal de pertencimento aos temas ou objetos, dizendo que os textos literários pertencem aos seus críticos, a cidade aos urbanistas, a arte aos seus críticos ou historiadores da arte, e assim por diante.

O que restaria para a História? O controle do tempo, seria a clássica resposta. Mas e quando os antropólogos passam a fazer análises retrospectivas, ou críticos literários analisam os textos e contextos do passado, como ficariam os domínios de Clio, assim invadidos ou ocupados por outros saberes?

Sem dúvida que a especificidade da História é, ainda, a busca de resgatar formas de ação, mudanças e representações construídas no passado, mas o que cabe situar é a bagagem que o historiador traz consigo, espécie de capital específico, de conhecimentos adquiridos em paralelo ao objeto a ser analisado, conteúdos estes que fazem parte daquilo que se convenciona chamar de referencial de contingência.

Esta espécie de bagagem de erudição é particular ao historiador e lhe permite estabelecer uma ampla gama de relações entre os elementos de análise em questão. Se levarmos em conta que essa reserva de conhecimento é iluminada por um universo teórico, por uma também bagagem de conceitos da qual se apropria o historiador, teremos não só definido uma capacidade de formular questões como também as condições para resolvê-las, por meio de métodos específicos, que articulem os dados em grades de correlações, pontencializando a interpretação. Esta seria, no caso, a arma do historiador para o diálogo ou a aventura pluri ou transdisciplinar.

Quando a História se defronta com os seus novos parceiros, que vêm da Literatura, da Antropologia, da Arte, da Arquitetura e do Urbanismo, da Psicologia e da Psicanálise, o diálogo a ser mantido não estabelece hierarquias ou territórios de propriedade de um campo específico. O que cabe registrar é a presença de um tema/objeto comum, partilhado por diferentes discursos e pontos de observação sobre o real, assim como também o lugar específico de onde é lançada a questão ou o problema a resolver.

O historiador permanece historiador neste diálogo, pois a História é o lugar de onde se faz a pergunta. Ele vai realizar, sem dúvida, uma incursão ou voo por outros territórios, armado talvez de novos conceitos, armazenando também novos conteúdos, de acordo com a serventia que terão para resolver as suas perguntas. Mas não terá de ser, sem dúvida, psicanalista, crítico de Arte ou da Literatura, pois seu trabalho é no campo da História.

Os novos parceiros, como foi dito, se relacionam com as opções teóricas e metodológicas da História Cultural, bem como das escolhas de tema e objeto. Comecemos pela Antropologia, em que os contatos foram tão grandes a ponto de, na França, usar-se a nomenclatura de uma Antropologia Histórica para designar esta aproximação. Antropologia Histórica ou História Antropológica, não há como negar que a História teve na Antropologia inspirações no plano teórico e metodológico, seja no que diz respeito aos conceitos relativos ao simbólico e à representação, seja no que diz respeito à própria concepção do imaginário.

Os próprios critérios de trabalhar as construções culturais por meio da ambivalência ou da ambiguidade, como postula Marc Augé, já são, por si, questões epistemológicas de fundo. Admitir que um mesmo acontecimento possa suportar julgamentos contrários, ou de que tudo o que hoje se admite como verdadeiro pode, no futuro, ser contado e explicado de outra forma possibilita que se entenda que a História comporte múltiplas versões e que se admitam regimes de verdade. A História trabalha, assim, com um acúmulo de possíveis, com a pluralidade de pontos de vista, o que a situa no campo da ambivalência: ser isso e aquilo ao mesmo tempo, podendo um fato ter mais de uma versão, dotada cada uma da sua lógica própria sem que uma delas deva ser, necessariamente, mentirosa. Tal entendimento, sem dúvida, introduz a possibilidade de que se admita um certo relativismo para as interpretações da História, questão problemática e discutida, pois não pode cair em uma liberdade interpretativa sem fundamentação, fazendo valer não importa qual tipo de explicação para o passado.

Da mesma forma, o conceito de ambiguidade faz a História penetrar no campo do simbólico, do cifrado, de um dizer além daquilo que é dito, de significados ocultos que é preciso revelar. Se formos pensar a História como uma narrativa, a História avança da Antropologia para os domínios de um outro campo, que é o da Literatura. Nessa medida, quando o historiador penetra no terreno da linguagem, entendendo que as palavras sempre dizem além da sua função nominativa, ele fatalmente se depara com o mundo dos significados verbais e com as figuras de linguagem. Pensar além da literalidade do que é dito leva o historiador a encarar a metáfora. Suas fontes são portadoras de metáforas, que se referem a significados de um outro tempo, e é na busca da decifração desses códigos que o historiador se empenha.

Mas, ao encarar a metáfora, o historiador se depara com a tarefa de pensar a sua própria escrita. A escrita da História vai além da literalidade do que é dito, e os historiadores se valem, também, de metáforas em sua escrita. Não há, pois, como furtar-se ao diálogo com a Literatura e a linguagem, como será explicitado mais adiante.

Por outro lado, em termos de método, a História se faz antropológica quando se volta para as fontes na prática de uma descrição densa, como assinala Geertz, a tecer, com a fonte, toda a gama de relações e observações possíveis, em uma recomposição cuidadosa de toda a trama de significados socialmente estabelecidos que possa conter. Trabalhar com a História Cultural seria desvendar essa teia, na busca do universo simbólico contido em cada traço do passado. Nessa medida, tanto o texto antropológico quanto o histórico seriam, sempre, ficções, construções a partir dos registros do comportamento humano no tempo, em que seria buscado tanto o dito quanto o não dito, tanto a presença quanto o silêncio.

Há, no plano da discussão antropológica, um debate entre a posição de Clifford Geertz e a de Marshall Sallins, enquanto propostas de análise do social: enquanto o primeiro enfatizaria a unidade de sentidos, o segundo postularia a busca da diversidade ou diferenças entre as significações. Entretanto, os historiadores, ao se utilizarem das propostas da Antropologia, historicizam esses conceitos, e o que buscam na recuperação das experiências dos homens no passado são exatamente as mudanças e as permanências, as unidades e as diversidades de sentidos.

Também no que toca a temas e objetos, a preocupação com ritos e festas, mitos e crenças, sociabilidades e atitudes mentais, ou mesmo a incorporação da história material pela cultura, ou ainda o ingresso dos historiadores no campo das identidades pode ser considerado como um indício da aproximação realizada entre a História e a Antropologia.

Já com relação à Literatura, retornamos à base da aproximação entre os dois, que discutem a tão celebrada veracidade ou verossimilhança do texto histórico, o que por sua vez repõe para o historiador o componente ficcional do fazer história.

Tais questões, abertas por vezes de forma iconoclasta, fora da História (caso de Roland Barthes) ou dentro dela (no exemplo de Hayden White), vieram encontrar uma abordagem epistemológica extremamente fina através da hermenêutica instaurada por Paul Ricœur. A reação não se fez esperar por meio de historiadores como Roger Chartier, Krzysztof Pomian ou Philippe Boutry. Mesmo aceitando a ficção no terreno da História e a construção narrativa do passado como uma versão verossímil do acontecido, recusavam abolir as fronteiras entre a História e a Literatura. A relação do historiador com o real é diferente, tal como o método empregado. Esse conjunto definido de procedimentos intelectuais permite uma sistematização do trabalho e mesmo a verificação das fontes.

Mas, mesmo realizando aproximações e distanciamentos, quando o historiador se coloca em diálogo com seus novos parceiros da crítica literária, ele precisa familiarizar-se com questões mais específicas, no que toca às figuras de linguagem, embora ainda, neste caso, seu olhar se dirija preferencialmente para aquela que lhe toca mais perto, no terreno da história: a metáfora. A História é sempre um *dizer como*, que diz de outra forma, que tenta traduzir um outro tempo.

Por outro lado, a retórica, os procedimentos argumentativos e as estratégias de convencimento, tal como a utilização de registros precisos de linguagem, são análogos em ambas as narrativas.

Neste cruzamento que se estabelece entre a História e a Literatura, o historiador se vale do texto literário não mais como uma ilustração do contexto em estudo, como um dado a mais, para compor uma paisagem dada. O texto literário lhe vale como porta de entrada às sensibilidades de um outro tempo, justo como aquela fonte privilegiada que pode acessar elementos do passado que outros documentos não proporcionam.

Nessa medida é que se coloca a aproximação com a Arte e, sobretudo, com a alteridade da imagem em relação ao texto. Mais uma vez o enfoque é distinto daquele de uma História da Arte. Não se trata da evolução, no tempo, de tendências ou correntes artísticas que permitam ilustrar, mais uma vez, um contexto dado, gratificado agora com a beleza da imagem.

Sem dúvida que códigos e regras de representação, usuais em uma temporalidade determinada, ou o conhecimento dos traços que individualizam um determinado estilo são fundamentais. Mas, mais uma vez, as questões são dadas pela análise dos significados impressos no tempo da elaboração da obra de arte, podendo lê-la não como um reflexo de sua época, mas como um acesso a formas de sentir e expressar o mundo, implicando não *mímesis*, mas muitas vezes distorção, transformação ou mesmo oposição frente ao real.

No que toca à Arquitetura ou ao Urbanismo, a aproximação com a História começa, como seria de esperar, pela identificação com o tema da cidade. Mas, para além dessa identificação temática, pode-se mesmo dizer que vem da História Cultural o tratamento do tema sob um outro olhar. Trabalhar o imaginário da cidade, buscar a sua representação literária ou pictórica como forma de problematizar o urbano são algumas das questões lançadas pelo historiador. Sem dúvida, ele recolheu influências de outros campos, como é o caso do pensamento de Ítalo Calvino, com o seu tão celebrado livro sobre as *cidades invisíveis*, ou mesmo da Literatura ou ainda da Filosofia, mas desde o ponto de vista da História, a cidade se torna, mais do que um espaço, um tempo qualificado.

Sob um outro aspecto se processa também o diálogo que faz encontrarem-se mestres do espaço e mestres do tempo: a preocupação, que anima ambos, de inventar o passado e construir o futuro.

Arquitetos e urbanistas pensam o futuro, construindo planos e projetos, utopias do espaço que serão realidade a construir no tempo. Como utopias urbanas, projetuais, arquitetônicas, sonhos de cidades ideais, desejo de construção de um mundo inteiramente outro, os projetos podem enquadrar-se naquele sentido que deu Walter Benjamin para a utopia: libertação de energias criadoras que dão asas ao pensamento e revelam os sonhos de uma época. Mesmo que nunca saiam do papel, que não se tornem realidade, as utopias projetuais são testemunho de uma vontade, de uma intenção e de um desejo, todos históricos e datados, concebidos pelos homens de uma época.

Por outro lado, arquitetos e urbanistas reinventam o passado, na definição de um patrimônio, na construção de uma ação preservacionistas a definir o que lembrar, no espaço construído de uma cidade, como memória partilhada da comunidade, e também aquilo que pode ser esquecido, apagado da lembrança, destruído. Em suma, esses são vieses pelos quais se processa o diálogo dos historiadores com seus novos parceiros, no âmbito da História Cultural.

CAPÍTULO VIII

Os riscos da empreitada: alerta geral

O sucesso da História Cultural, no plano da academia e da mídia, não deve obscurecer o fato de que há riscos de análise, há críticas, há problemas que se colocam diante do historiador. Sob determinado ponto de vista, podemos entender tais riscos como desafios que se colocam no plano intelectual para aqueles que abraçam a História Cultural.

Em primeiro lugar o historiador, enquanto produtor de um texto, e também o público leitor, consumidor de História, devem assumir a dúvida como um princípio de conhecimento do mundo. A racionalidade não explica tudo, operando o historiador com um regime de verdade segundo o qual as conclusões podem ser admitidas como provisórias. Há mais dúvidas do que certezas, o que compromete o pacto da História com a obtenção da verdade. Esse pacto resta como um valor a atingir, como uma busca sempre renovada, de chegar o mais próximo possível do real acontecido. Mas o resultado é sempre uma versão possível, plausível. Isso por vezes é confundido com a tal postura pós-moderna que pesa como uma acusação sobre a História Cultural: segundo essa abordagem, a História não é ciência nem visa a atingir um conhecimento sobre o passado. Ela seria igual à Literatura, ou seja, visaria a agradar, divertir, oportunizar fruição estética. Não teria maiores preocupações com problemas sociais ou questões políticas maiores – estas, sim, sérias – e só visaria a agradar o público, com uma História-passatempo.

Ora, segundo essa avaliação, que julgamos descabida, a História Cultural se negaria como História, e a própria Literatura se vê reduzida à antiga definição ligeira de ser uma espécie de florão ou sorriso da sociedade...

O que o historiador da cultura deve ter em mente, hoje, é algo que nem é tão novo assim: existem hierarquias de verdade, verdades parciais, transitórias, pessoais ou sociais, como uma espécie de verdades provisórias, aceitas e reconhecidas como tal em uma época dada. É certo que admitir tais sistemas de verdade pode vir a representar uma ameaça para a História, por um certo relativismo de análise: tudo o que foi um dia, pode tanto ter sido assim como de outra forma, ou talvez mesmo não ter sido. Não fosse a segurança das fontes, a evidência da pesquisa, o reforço da autoridade com as citações e as notas, a busca insistente de provas, e o historiador não conseguiria impor sua visão ou versão, que deve ainda converter-se em um texto fluente, convincente, esteticamente apreciável, retoricamente correto.

Tudo isso já foi colocado ao longo destas páginas, parecendo tautológico repeti-lo, mas, na prática, há ainda um horizonte de expectativas para com a História. Dela se espera uma versão verdadeira, não só no sentido de esclarecer onde, quem e quando, mas, sobretudo, como foi. Essa explicação sobre *como aconteceu* é que se coloca como resposta à pergunta do historiador sobre o passado. Respostas que são múltiplas, são várias, são provisórias. Não é fácil impor-se a um horizonte de expectativas já firmado e anunciar que tudo teria ocorrido como se fosse, etc., etc. Os historiadores da cultura que o digam, se a tarefa é fácil ou não!

O fim das certezas – que, repetindo, já se torna velho entre nós – é, ainda para muitos um incômodo. Há, na verdade, mesmo entre os historiadores, uma resistência à mudança, talvez relacionada com uma crise de identidade para a História. Mas negar a mudança, no caso, seria negar a própria dinâmica sobre a qual se baseia a compreensão da História.

Por outro lado, o distanciamento do olhar, se parece evidente, no caso da História, a pensar continuamente em traduzir para o presente um outro no tempo, o que faz do passado sempre uma alteridade reconstruída, é tarefa das mais difíceis. Ver como estrangeiro o que é nosso, ver como também nosso aquilo que é estranho é trazer para o plano da História uma espécie de olhar do viajante, a registrar e traduzir uma alteridade. Como diz Ítalo Calvino, a decifração do mundo exige um olhar oblíquo, indireto, um olhar que recusa a literalidade ou a visão de superfície, optando pelo acesso à realidade por meio das representações sociais criadas pelos homens para explicar aquele real. A esta leveza do olhar, como chama Calvino, a esta obliquidade de visão, que enxerga o mundo pelas suas representações, se consegue ver mais longe, ir mais fundo nas interpretações.

Mas o historiador é um viajante no tempo, e neste ponto é que se revela a dificuldade do acesso aos sentidos do passado. Admitindo que o mundo se apresenta cifrado, que o simbólico obriga a ver além do que é mostrado e dito, este desvelamento ou descoberta é uma empresa arriscada.

É justamente aqui que esta distância pode também apresentar riscos. A presença de um elo perdido, do indecifrável, da absoluta estrangeiridade pode se revelar, levando ou à superinterpretação, por meio de analogias descabidas, ou a conclusões exageradas. Podemos, talvez, pensar que os filtros do passado sempre apresentaram esse desafio, mas o fato é que é justo agora que eles chegam à reflexão do historiador, nesta era da dúvida, marcada pelo fim das certezas reconfortantes ou dos modelos explicativos para o real passado.

Um outro aspecto a ser discutido como desafio para o historiador é esta espécie de nostalgia da totalidade ou dos modelos globais, que se sintetizavam em um todo harmônico e compreensível, em uma explicação acabada. Se a complexidade do mundo como que inviabiliza dar continuidade a uma História total, de gênero braudeliano, talvez possamos dizer que a ideia do todo veio a ser substituída pela do referencial de contingência, que corresponde ao horizonte de correspondências e correlações da pesquisa do historiador. O historiador não precisa escrever sobre tudo em cada texto, nem é compulsório que recorra, explicitamente, às correlações entre todas as instâncias do real em cada texto ou pesquisa feita. Ele deve, isso sim, ter sua bagagem de conhecimentos e leituras que lhe permitam recorrer sempre que se fizer necessário, e estabelecer a sua grade de correspondências.

Com isso, retornamos ao termo usado anteriormente, de erudição: é esse capital específico do historiador que deve estar à disposição para estabelecer toda a sorte de correlações possível entre um acontecimento dado e outros, de forma a revelar os significados. Mas mesmo essas conexões e aproximações não são dadas *a priori*, como um elenco de passos obrigatórios a seguir para atingir o todo. O estabelecimento da grelha de relações é dado pela pergunta feita, pelo universo teórico que preside a elaboração do problema e a delimitação das fontes. Para o historiador da cultura, como já foi explicitado anteriormente, fazer História é uma aventura de descoberta que se renova passo a passo.

Um outro desafio é aquele trazido pela incorporação da subjetividade no trabalho do historiador. Primeiro, o desafio dá-se pela consciência da própria subjetividade do historiador, com sua intuição, sua individualidade, sua trajetória de vida e sua inserção no mundo acadêmico e social. Depois, quando se leva em conta a subjetividade dos atores a resgatar no passado. Uma das características da História Cultural foi trazer à tona o indivíduo, como sujeito da História, recompondo histórias de vida, particularmente daqueles egressos das camadas populares.

Ora, se as sensibilidades, como foram definidas, são a tradução sensível das emoções, sensações e experiências dos indivíduos, cabe ao historiador, para poder apreender tais percepções de mundo, buscar as evidências. Ou seja, as fontes que traduzam tais sensibilidades, o que exige uma leitura excepcionalmente fina. Se os diários são escassos, tais como cartas e depoimentos, sobretudo dos subalternos, há que exercitar o olhar para ler sua presença em fontes indiretas, por vezes.

Práticas sociais podem valer como discursos, silêncios falam, ausências revelam presenças, coisas portam mensagens, imagens de segundo plano revelam funções, canções e músicas revelam sentimentos, piadas e caricaturas denunciam irreverência, senso de humor e deboche. Enfim, captar subjetividades e sensibilidades, aquilo que já foi definido como sendo *la crème de la crème* para o historiador, é aquilo que mais busca a História Cultural, mas é, ao mesmo tempo, o seu maior desafio.

Enfim, parece que a História Cultural é extremamente sedutora, mas perigosa. Atrai, seduz, envolve, tem arrastado pesquisadores para o seu campo. Tem sofrido as críticas de seguir a moda, mas a esta acusação se poderia retrucar: pois o novo, o desejado, o intrigante, não é aquilo que chama a atenção, que é importante e que pauta a ação, em todas as épocas? E, se a História é sempre resposta às questões do seu tempo, ela é, forçosamente, a narrativa da moda de cada época.

Mas a História Cultural apresenta riscos e põe exigências: é preciso teoria, sem dúvida, ela exige o uso desses óculos, conceituais e epistemológicos para enxergar o mundo. A História Cultural pressupõe um método, trabalhoso e meticuloso, para fazer revelar os significados perdidos do passado. Pressupõe ainda uma carga de leitura ou bagagem acumulada, para potencializar a interpretação por meio da construção do maior número possível de relações entre os dados. Como resultado, propõe versões possíveis para o acontecido, e certezas provisórias.

Parece difícil, mais talvez resulte dessa condição o seu maior encanto, fazendo do fazer História uma aventura, sempre renovada, do conhecimento.

Bibliografia básica: para ler e criticar

AGUIAR, Flávio; MEHY, José Carlos Sebe; VASCONCELOS, Sandra Guardini. *Gêneros de fronteira: cruzamentos entre o histórico e o literário*. São Paulo: Xamã, 1997.

APPLEBY, Joyce; HUNT, Lynn; JACOB, Margaret. *Telling the Truth about History*. New York; London: W. W. Norton & Company, 1994.

AUGÉ, Marc. Ambivalence et ambiguité. *Traverses*, Paris, n. 47, 1989.

AUMONT, Jacques. *A imagem*. Campinas: Papirus, 1993.

BAHNN, Stephen. *As invenções da História: ensaios sobre a representação do passado*. São Paulo: Editora UNESP, 1994.

BARTH, Fredrik. *Los grupos étnicos y sus fronteras: la organización social de las diferencias culturales*. México: Fondo de Cultura Económica, 1986.

BENJAMIN, Walter. *Obras escolhidas*. São Paulo: Brasiliense, [s.d.]. 3 v.

BENJAMIN, Walter. Paris, capitale du XIXe siècle. In: *Le livre des passages*. Paris: CERF, 1989.

BERMAN, Marshall. *Tudo o que é sólido desmancha no ar: a aventura da modernidade*. São Paulo: Companhia das Letras, 1986.

BLOCH, Marc. *Apologia da história ou o ofício do historiador*. Rio de Janeiro: Zahar, 2001.

BOIA, Lucian. *Pour une histoire de l'imaginaire*. Paris: Belles Lettres, 1998.

BOURDIEU, Pierre. *O poder simbólico*. Lisboa: Difel, 1989.

BRESCIANI, Maria Stella. As sete portas das cidades. *Espaço e Debates*, n. 34, 1992.

BRESCIANI, Maria Stella (Org.). *As palavras da cidade.* Porto Alegre: Editora da UFRGS, 2001.

BRESCIANI, Maria Stella. Permanência e ruptura no estudo das cidades. In: FERNANDES, Ana; GOMES, Marco Aurélio. *Cidade & História,* Salvador, 1992.

BRESCIANI, Maria Stella *et alii.* (Orgs.). *Historiografia brasileira em perspectiva.* São Paulo: Contexto, 1998.

BURKE, Peter. *A Escola dos Annales: 1929-1989: a revolução francesa na historiografia.* São Paulo: Editora UNESP, 1991.

BURKE, Peter (Org.). *Novas perspectivas.* São Paulo: Editora UNESP, 1992.

CALVINO, Ítalo. *As cidades invisíveis.* São Paulo: Companhia das Letras, 1990.

CALVINO, Ítalo. *Seis propostas para o próximo milênio.* São Paulo: Companhia das Letras, 1993.

CARDOSO, Ciro Flamarion; VAINFAS, Ronaldo (Org.). *Domínios da História: ensaios de teoria e metodologia.* Rio de Janeiro: Campus, 1997.

CARRARD, Phillipe. *Poétique de la Nouvelle histoire.* Lausanne: Ed. Payot, 1998.

CATROGA, Fernando. Memória e História. In: PESAVENTO, Sandra Jatahy (Org.). *Fronteiras do milênio.* Porto Alegre: Editora da UFRGS, 2001.

CATROGA, Fernando; TORGAL, Luís; MENDES, José Amado. *História da História de Portugal: séculos XIX-XX: a História através da História.* Lisboa: Temas e Debates, 1998. 2 v.

CHARTIER, Roger. *A história cultural: entre práticas e representações.* Lisboa: Difel, 1988.

CHARTIER, Roger. *Do palco à página.* Rio de Janeiro: Casa da Palavra, 2002.

CHARTIER, Roger. Le passé composé. *Traverses,* Paris, n. 40, 1987.

CHARTIER, Roger. O mundo como representação. *Estudos Avançados,* São Paulo, v. 11, n. 5, 1991.

CHARTIER, Roger (Org.). *Práticas da leitura.* São Paulo: Estação Liberdade, 1996.

CHARTIER, Roger. Uma crise da História? A história entre narração e conhecimento. In: PESAVENTO, Sandra Jatahy (Org.). *Fronteiras do milênio*. Porto Alegre: Editora da UFRGS, 2001.

CHIAPPINI, Lígia. Relações entre história e literatura no contexto das humanidades, hoje. Perplexidades. In: NODARI, Eunice *et alii*. (Org.). *História, fronteiras*, São Paulo: Humanitas, 1999. v. 2.

DARNTON, Robert. *O beijo de Lamourette*. São Paulo: Companhia das Letras, 1990.

DARNTON, Robert. *O grande massacre dos gatos*. Rio de Janeiro: Graal, 1986.

DAVIS, Natalie Zemon. Du conte et de l' histoire. *Le Débat*, Paris: Gallimard, n. 54, 1989.

DE CERTEAU, Michel. *A escrita da história*. Rio de Janeiro: Forense Universitária, 1982.

DE DECCA, Edgar. As desavenças da Memória com a História. In: SILVA, Zélia Lopes da. *Cultura Histórica em Debate*. São Paulo: Editora UNESP, 1994.

DE DECCA, Edgar. O estatuto da História. *Espaço e Debates*. Curitiba, n.34, 1992.

DE DECCA, Edgar; LEMAIRE, Ria. *Pelas margens: outros caminhos da história e da literatura*. Porto Alegre; Campinas: Editora da UFRGS; Editora da Unicamp, 2000.

DOSSE, François. *A história em migalhas*. Rio de Janeiro: Ensaio, 1992.

DOSSE, François. *L'histoire*. Paris: Armand Colin, 2000.

DUBY, Georges. Histoire et cinema. *Le Débat*, Paris: Gallimard, n. 30, 1984.

ELIAS, Norbert. *A sociedade de corte*. Rio de Janeiro: Zahar, 2001.

ELIAS, Norbert. *O processo civilizador*. Rio de Janeiro: Zahar, 1990-93. v. 1-2.

FOUCAULT, Michel. *A arqueologia do saber*. Rio de Janeiro: Forense Universitária, 1987.

FOUCAULT, Michel. *A ordem do discurso*. São Paulo: Loyola, 1996.

FOUCAULT. *Microfísica do poder*. Rio de Janeiro: Graal, 1979.

FRANK, Robert (Org.). *Écrire l'histoire du temps présent*. Paris: CNRS, 1992.

GEERTZ, Cliffort. *A interpretação das culturas*. Rio de Janeiro: Guanabara, 1989.

GINZBURG, Carlo. *A micro-história e outros ensaios*. Lisboa: Difel, 1991.

GINZBURG, Carlo. *Mitos, emblemas, sinais*. São Paulo: Companhia das Letras, 1989.

GINZBURG, Carlo. *O queijo e os vermes*. São Paulo: Companhia das Letras, 1987.

GINZBURG, Carlo. *Olhos de madeira*. São Paulo: Companhia das Letras, 2001.

GOMBRICH, Ernst. *L'art et l'illusion*. Paris: Gallimard, 1996.

GOMBRICH, Ernst. *Para uma história cultural*. Lisboa: Gradiva, 1994.

GRUZINSKI, Serge. *La colonización de lo imaginario*. México: Fondo de Cultura Económica, 1993.

GRUZINSKI, Serge. *La guerra de las imágenes*. México: Fondo de Cultura Económica, 1995.

GRUZINSKI, Serge. *La pensée métisse*. Paris: Fayard, 1999.

GUAZZELLI, César Augusto *et al*. (Org.). *Questões de teoria e metodologia da História*. Porto Alegre: Editora da UFRGS, 2000.

HALBWACHS, Maurice. *Les cadres sociaux de la mémoire*. Paris: Albin Michel, 1994.

HARTOG, François. A arte da narrativa histórica. In: BOUTIER, Jean; JULIA, Dominique. *Passados recompostos: campos e canteiros da História*. Rio de Janeiro: Editora UFRJ; Editora FGV, [s.d.].

HARTOG, François. A testemunha e o historiador. In: PESAVENTO, Sandra Jatahy (Org.). *Fronteiras do milênio*. Porto Alegre: Editora da UFRGS, 2001.

HARTOG, François. *Memoria de Ulises: relatos sobre la frontera em la antigua Grecia*. Buenos Aires: Fondo de Cultura Económica, 1999.

HARTOG, François. *O espelho de Heródoto: ensaio sobre a representação do outro*. Belo Horizonte: Editora UFMG, 1999.

HASKELL, Francis. *L'historien et les images*. Paris: Gallimard, 1995.

HOURCADE, Eduardo *et al. Luz y contraluz de una história antropológica.* Buenos Aires: Biblos, 1995.

HUNT, Lynn. *A Nova História Cultural.* São Paulo: Martins Fontes, 1992.

JAUSS, Hans Robert. L'usage de la fiction en histoire. *Le Débat,* Paris: Gallimard, n. 54, 1989.

KOSELLECK, Reinhart. *Futuro pasado: para uma semantica de los tiempos históricos.* Barcelona: Paidós, 1993.

LE GOFF, Jacques. *A História Nova.* São Paulo: Martins Fontes, 1990.

LE GOFF, Jacques. *História e memória.* Campinas: Editora da Unicamp, 1996.

LE GOFF, Jacques. *Histoire et imaginaire.* Paris: Poiesis, 1986.

LEENHARDT, Jacques; PESAVENTO, Sandra Jatahy (Org.). *Discurso histórico e narrativa literária.* Campinas: Editora da Unicamp, 1997.

LEENHARDT, Jacques. Teoria da comunicação e teoria da recepção. *Anos 90,* Porto Alegre, n. 8, dez. 1997.

LEVI, Giovanni. *A herança imaterial.* Rio de Janeiro: Civilização Brasileira, 2000.

LEVI, Giovanni. Sobre a micro-história. In: BURKE, Peter. *A escrita da História.* São Paulo: Editora UNESP, 1992.

LOWENTHAL, David. *El pasado es un país estraño.* Madrid: Ediciones AKAL, 1998.

MACHADO, Maria Clara Tomaz; PATRIOTA, Rosangela (Org.). *Política, cultura e movimentos sociais: contemporaneidades historiográficas.* Uberlândia: UFU, 2001.

MANGUEL, Albert. *Le livre d'images.* Arles: Actes Sud; Leméac, 2001.

MARIN, Louis. *Les pouvoirs de l'image.* Paris: Seuil, 1993.

MATOS, Maria Izilda; SOLLER, Maria Angélica (Org.). *O imaginário em debate.* São Paulo: Olho d'Água, 1998.

NORA, Pierre. Entre memória e história: a problemática dos lugares. *Projeto História,* São Paulo, n. 10, 1993.

NORA, Pierre (Org.). *Les lieux de la mémoire.* Paris: Gallimard, 1997. 3 v.

PANOFSKY, Erwin. *Significado nas artes visuais*. São Paulo: Perspectiva, 1991.

PESAVENTO, Sandra Jatahy. Em busca de uma outra História: imaginando o imaginário. *Revista Brasileira de História*, n. 29, 1995.

PESAVENTO, Sandra Jatahy. Esta História que chamam micro. In: GUAZZELLI, César Augusto Barcellos *et allii*. *Questões de teoria e metodologia da História*. Porto Alegre: Editora da UFRGS, 2000.

PESAVENTO, Sandra Jatahy. Fronteiras da ficção: diálogos da História com a literatura. In: NODARI, Eunice *et alii*. *História: fronteiras*. São Paulo: Humanitas, 1999. v. 2.

PESAVENTO, Sandra Jatahy. Indagações sobre a História Cultural. *Revista ARTCULT*, n. 3, 2001.

PESAVENTO, Sandra Jatahy (Org.). *Leituras cruzadas: diálogos da história com a literatura*. Porto Alegre: Editora da UFRGS, 2000.

PESAVENTO, Sandra Jatahy. Muito além do espaço: por uma história cultural do urbano. *Estudos Históricos*, Rio de Janeiro: CPDOC, n. 16, 1995.

PESAVENTO, Sandra Jatahy. O desfazer da ordem fetichizada: Walter Benjamin e o imaginário social. *Revista Cultura Vozes*, n. 5, 1995.

POMIAN, Krzysztof. Histoire et fiction. *Le Débat*, Paris: Gallimard, n. 54, 1989.

POMIAN, Krzysztof. *Sur l'histoire*. Paris: Gallimard, 1999.

PROST, Antoine. *Douze leçons sur l'histoire*. Paris: Seuil, 1996.

PROST, Antoine. Histoire, verités, méthodes: les structures argumentatives de l'histoire. *Le Débat*, Paris: Gallimard, n. 92, 1996.

RANCIÈRE, Jacques. *Políticas da escrita*. Rio de Janeiro: Ed. 34, 1995.

RÉMOND, René. *Pour une histoire politique*. Paris: Seuil, 1996.

REVEL, Jacques. *A invenção da sociedade*. Lisboa: Difel, 1989.

REVEL, Jacques (Org.). *Jogos de escala*. Rio de Janeiro: FGV, 1998.

REVISTA Estudos Históricos. *Indivíduo, biografia e história*. Rio de Janeiro: CPDOC, n. 19, 1997.

REVISTA USP. *Dossier Nova História*. São Paulo, set./out./nov. 1994.

RICŒUR, Paul. *Histoire et verité*. Paris: Seuil, 1955.

RICŒUR, Paul. L'écriture de l'Histoire et la représentation du passé. *Annales, Histoire, Sciences Sociales*, n. 4, p. 731-747, juillet-aôut 2000.

RICŒUR, Paul. *Tempo e narrativa*. Campinas: Papirus, 1994-1997. 3 v.

RIOUX, Jean-Pierre; SIRINELLI, Jean-François. *Pour une histoire culturelle*. Paris: Seuil, 1997.

SAHLINS, Marshall. *Ilhas de História*. Rio de Janeiro: Zahar, 1990.

SCHWARCZ, Lília K. Moritz; GOMES, Nilma Lino. *Antropologia e História: debate em região de fronteira*. Belo Horizonte: Autêntica Editora, 2000.

SHORSKE, Carl. A cidade segundo o pensamento europeu: de Voltaire a Spengler. *Espaço e Debates*, v. 9, n. 27, 1989.

STONE, Lawrence. *The Revival of Narrative: The Past and Present*. Boston: Routledge; Kegan Paul, 1981.

SWAIN, Tânia Navarro. *História no plural*. Brasília: Editora UnB, 1994.

THIESSE, Anne-Marie. *La création des identités nationales*. Paris: Seuil, 1999.

THIESSE, Anne-Marie. La petite patrie enclose dans la grande: regionalismo e identidade nacional na França durante a terceira República(1870-1940). *Estudos Históricos*, Rio de Janeiro: CPDOC, n. 15, 1995.

THOMPSON, Edward. *A formação da classe trabalhadora na Inglaterra*. Rio de Janeiro: Paz e Terra, 1987. 3 v.

THOMPSON, Edward. Folklore, antropologia y historia social. Entrepasados. *Revista de História*, v. 2, n. 2, 1992.

THOMPSON, Edward. *Tradición, revuelta y consciencia de clase*. Barcelona: Editorial Crítica, 1984.

VAINFAS, Ronaldo. *Micro-história: os protagonistas anônimos da História*. Rio de Janeiro: Campus, 2002.

VAINFAS, Ronaldo. *Trópico dos pecados: moral, sexualidade e Inquisição no Brasil colonial*. Rio de Janeiro: Nova Fronteira, 1997.

VEYNE, Paul. *Como se escreve a História: Foucault revoluciona a História*. Brasília: Editora da UnB, 1982.

VEYNE, Paul. *O inventário das diferenças*. São Paulo: Brasiliense, 1983.

VOVELLE, Michel. *Ideologias e mentalidades*. São Paulo: Brasiliense, 1987.

VOVELLE, Michel. *Imagens e imaginário na História*. São Paulo: Ática, 1997.

WHITE, Hayden. *Meta-História: a imaginação histórica no século XIX*. São Paulo: EDUSP, 1992.

WHITE, Hayden. *Trópicos do discurso: ensaios sobre a crítica da cultura*. São Paulo: EDUSP, 1994.

WILLIAMS, Raymond. *Cultura*. São Paulo: Paz e Terra, 1992.

WILLIAMS, Raymond. *O campo e a cidade*. São Paulo: Companhia das Letras, 1989.

OUTROS TÍTULOS DA COLEÇÃO
História &... Reflexões

História & Audiovisual
   Autor: Rafael Rosa Hagemeyer

História & Documento e metodologia de pesquisa
   Autor: Eni de Mesquita Samara e Ismênia S. Silveira T.Tupy

História & Ensino de História
   Autora: Thais Nivia de Lima e Fonseca

História & Fotografia
   Autora: Maria Eliza Linhares Borges

História & Gênero
   Autora: Andréa Lisly Gonçalves

História & Imagem
   Autor: Eduardo França Paiva

História & Livro e Leitura
   Autor: André Belo

História & Modernismo
   Autora: Monica Pimenta Velloso

História & Música – *História cultural da música popular*
   Autor: Marcos Napolitano

História & Natureza
Autora: Regina Horta Duarte

História & Religião
Autor: Sérgio da Mata

História & Sociologia
Autor: Flávio Saliba Cunha

História & Turismo Cultural
Autor: José Newton Coelho Meneses

História, Região & Globalização
Autor: Afonso de Alencastro Graça Filho

Este livro foi composto com tipografia Times New Roman,
e impresso em papel Off Set 75 g/m² na Gráfica Paulinelli.